生命之健

游泳

YOUYONG

主　　编　但汉国
执行主编　刘前勇　胥洪跃

西南師範大學出版社
国家一级出版社 全国百佳图书出版单位

图书在版编目（CIP）数据

游泳 / 但汉国主编 . -- 重庆 : 西南师范大学出版社 , 2020.8

ISBN 978-7-5697-0304-7

Ⅰ . ①游… Ⅱ . ①但… Ⅲ . ①游泳 – 中学 – 教材 Ⅳ . ① G634.961

中国版本图书馆 CIP 数据核字 (2020) 第 099846 号

游　泳

YOUYONG

但汉国　主编

责任编辑：刘　玉　赵　洁

责任校对：王玉竹

封面设计：千　寻

排　　版：瞿　勤

出版发行：西南师范大学出版社

印　　刷：重庆友源印务有限公司

幅面尺寸：185mm × 260mm

印　　张：11

字　　数：247 千字

版　　次：2020 年 8 月 第 1 版

印　　次：2020 年 8 月 第 1 次印刷

书　　号：ISBN 978-7-5697-0304-7

定　　价：25.00 元

编委会

前言
PREFACE

普通高中生命教育校本课程着眼于培养中学生的生命意识，使其形成生活观念，促进人的自然生命、社会生命和精神生命协同成长，引导学生珍爱生命、学会生存、热爱生活。它以生命教育为主线，融入生存教育，指向生活教育。

2011年，重庆市江北中学校（以下简称“江北中学”）依托教育部西南基础教育课程中心，以国家课程为基础，地方课程为补充，探索了“班主任老师教育主导线、任课老师学科教育渗透线、学生活动教育主体线、生活老师生活指导线、家庭社会教育共育线”的“五线育人”课程实施途径；同时，建设了包含基础课程、拓展课程、研究课程和体验课程四种类型的自然生命课程、社会生命课程和精神生命课程三类课程体系，共计27门课。这些课程从自然生命层面构建自然生命教育内容，让学生认识生命、学会生存、适应环境，注重人与自然的和谐；从社会生命层面构建社会生命教育内容，培养学生认识生命意义，学会担当社会责任，注重人与人的和谐；从精神生命层面构建精神生命教育内容，培养学生的价值观念、情感态度、人格心理，注重人与自我的和谐。

该课程体系从自然生命、社会生命、精神生命三个维度，聚焦学生的必备素养和关键能力，形成了与学生核心素养紧密联系的生命教育课程体系，并探索了课程育人的创新途径，在全国率先构建了生命教育“四化”模式，通过显性课程和隐性课程相互融合，创新了生命教育的实践模式，充分体现了课程实施创新。江北中学首次提出了生命教育“六个一工程”和“五线育人”的生命教育课程实施体系，搭建了生命教育平台。

游泳是人类凭借自身肢体动作在水中活动与救生的一种技能，不仅是人类的一项重要生存技能，而且是一项从幼年到老年都可以参加的体育项目，也是人类修身养性、锻炼身心、休闲娱乐、竞技比赛、磨炼意志的重要途径，对保障人类生命安全有着极其重要的意义。游泳可以让人类在享受阳光、空气、水的无穷乐趣的同时，充分展现人体运动的流畅和优美。青少年进行系统的游泳训练，能够锻炼意志品质，提高克服困难的勇气和能力。游泳不仅是生产实践和国防建设所需的一项重要技能，也是奥运争光计划的重要内容，还是生命教育校本课程的直接内涵体现。本书共分为五章，分别为游泳运动概述、游泳运动的类别、游泳技术分析与学法、游泳比赛规则与技术等级标准、游泳运动的自我保护与水中救生。

编者

2020年1月

目录
CONTENTS

第一章

游泳运动概述

第一节 游泳的起源与发展

一、游泳的起源

人类的游泳活动源远流长。从地球上出现人类开始，人们为了生存，就逐渐学会依山打猎，傍水捕鱼。为了捕捉水中的鱼虾，人们需要到水中活动；为了追猎动物和躲避猛兽的侵袭，经常需要跋山涉水；当洪水泛滥时，更是要与之做斗争。人类在与大自然做斗争的过程中逐渐学会了游泳，并使游泳得到发展。开始时，人们只是模仿水栖动物的姿势与动作在水中移动，久而久之，便积累了在水中行动的技能，学会了漂浮、游动和潜水，逐步产生了各种游泳姿势。

据史料记载，在五千多年前的中国古代陶器上，可以看到雕刻着人类潜入水中及类似爬泳的图案。在四千多年前，有夏禹治水的功绩。相传当时人们在与洪水的斗争中已掌握了不少泅水方法。

我国第一部诗歌总集《诗经》中也有关于游泳活动的记载："就其深矣，方之舟之。就其浅矣，泳之游之。"说明那时的人们就懂得游泳，并能利用游泳技术克服江河等天然屏障。后来，随着战争的出现，游泳从单纯的生活技能又演变为一种军事技能。

游泳活动能够不断发展，除了生产劳动和军事上的原因外，游泳本身的娱乐功能也是重要的原因之一。人们从沐浴开始，继而在水中嬉戏，逐渐形成各种水中娱乐活动。我国春秋时期的"天池"、汉代的"太液池"等都是当时贵族常去玩乐的游泳场所。隋唐时期，宫廷专门设立了可以进行跳水、游泳、抛水球的"水殿"。北宋文学家苏轼在《日喻》中写道："南方多没人，日与水居也，七岁而能涉，十岁而能浮，十五而能没矣……日与水居，则十五而得其道；生不识水，则虽壮，见舟而畏之。"可见，当时南方人多熟识水性，掌握泅水之道。

我国古代的游泳大致可概括为三种形式，即涉——在浅水中行走，浮——在水中漂浮，没——在水下潜泳。后来，劳动人民在长期的实践中，又创造了不少泅水方法和游泳技术，如狗爬式、寒鸭浮水、大爬式等，至今仍在民间流传。

二、游泳的发展历程

1888年，法国教育家皮埃尔·德·顾拜旦提出了恢复奥林匹克运动会的建议后，得到很多国家的支持。1894年6月在法国巴黎召开了国际体育会议，决定于1896年在希腊举行第一届奥林匹克运动会，并成立国际奥林匹克委员会，决定每四年举行一次奥林匹克运动会。

在第一届现代奥林匹克运动会上，游泳就被列为正式比赛项目。当时设有男子100米、500米、1200米自由泳三个项目。第二届时又增设了仰泳、障碍泳和潜泳比赛。第三届时又取消了障碍泳和潜泳，增加了蛙泳项目，比赛距离以“码”为单位。

1908年，在英国伦敦举行第四届奥林匹克运动会时，成立了国际业余游泳联合会（简称“国际泳联”），审定了各单项游泳世界纪录，并制定了国际游泳比赛规则，规定比赛距离单位统一用“米”。比赛项目，自由泳设100米、400米、1500米和4×200米接力，仰泳设100米，增设蛙泳项目（200米）。第五届时，开始把女子游泳列入比赛项目，并设100米自由泳和4×100米自由泳接力。

1956年第十六届奥运会时，国际泳联决定增设蝶泳比赛项目。从此，竞技游泳发展成四种泳式。以后比赛项目逐渐增加，1996年第二十六届奥运会中游泳项目达到32项。

随着游泳运动的不断发展，国际泳联认为四年一度的奥运会游泳比赛相隔时间太长，决定在两届奥运会之间增加世界游泳锦标赛，并于1973年举办第一届世界游泳锦标赛。之后，为了大力促进游泳的发展，国际泳联从1990年开始举办世界杯短池游泳系列赛，从1993年起又增加了世界短池游泳锦标赛。

在我国，游泳作为一个体育运动项目开展并发展为竞技游泳，是近代才逐步形成的。19世纪中叶，游泳由欧美传入我国并逐渐流行起来，开始在香港及沿海各省流行，而后传及内地。1887年，英国人在广州沙面修建了一个长25米、宽15米的室内游泳池，这是中国最早的游泳池。

1952年，我国举办了中华人民共和国成立后的第一次全国性游泳比赛。此后，我国的游泳运动员开始频繁参加国际性比赛，运动成绩得到大幅度的提高，给祖国争得了荣誉。如在1953年第一届国际青年友谊运动会上，我国优秀运动员吴传玉获得男子100米仰泳冠军，新中国的五星红旗第一次在国际运动场上空飘扬。1957年至1960年间，我国著名游泳运动员戚烈云、穆祥雄、莫国雄3人，先后5次打破男子100米蛙泳世界纪录。我国男子100米自由泳、100米蝶泳、200米蛙泳也先后达到相当于世界前10名成绩的水平。

在2008年北京奥运会上，中国游泳队队员刘子歌以2分04秒18的成绩打破女子200米蝶泳世界纪录荣获冠军。在2012年伦敦奥运会上，中国游泳队队员叶诗文以4分28秒43的成绩打破女子400米混合泳世界纪录荣获冠军，孙杨以3分40秒14的成绩打破男子400米自由泳奥运会纪录荣获冠军，与此同时，孙杨以14分31秒02的成绩打破男子1500米自由泳世界纪录荣获冠军，荣获男子200米自由泳亚军。在2016年里约奥运会上，孙杨荣获男子400米自由泳亚军和男子200米自由泳冠军。

第二节 游泳的价值

一、保障生命安全

地球上布满江、河、湖、海，人类在生活中不可避免地要与水打交道。不论是主动下水游泳、玩耍或进行水上生产作业，还是被动地失足落水或乘船发生意外，假如不会游泳，生命安全就会受到威胁。如果会游泳，不仅自身的生命安全多一重保障，还可以在一些危险情况下救助他人。因此，游泳是保证生存的重要手段之一，是人类的一种基本生存技能。世界上有不少国家将游泳列为青少年学生必修课程。所以，从小掌握游泳技能，最好从婴儿游泳做起，是非常必要的。

二、强身健体

游泳时，由于水的压力、阻力、浮力和较低水温的作用，人体各部分器官都得到锻炼，不仅有效促进了人体新陈代谢，加快身体脂肪消耗，提高心肺功能，还能增加血液中血红蛋白的含量，提高人体氧摄取能力。因此，坚持游泳锻炼可有效提高肌肉的力量、速度、耐力和关节的灵活性，使身体得到全面协调发展，体型匀称健美，肌肉富有弹性。

三、防病治病

经常进行游泳锻炼能有效增强体质，因而游泳也是防病治病的手段之一。游泳时，冷水的刺激能增强机体适应外界环境变化的能力，抵御寒冷，预防疾病，所以经常游泳者不易感冒。据报道，经常游泳能有效改善身体瘦弱者和许多慢性病患者的身体状况。很多康复中心都将水中运动当作治疗慢性疾病和身体恢复的重要医疗手段。

四、磨炼意志，培养勇敢顽强精神

初学游泳时，要克服怕水心理。要长期坚持游泳，就要克服怕苦、怕累、怕冷的心理，尤其是在进行冬泳时，没有勇敢顽强的精神和坚强的意志是坚持不下去的。因此，长期游泳锻炼可磨炼意志，培养勇敢顽强、吃苦耐劳、不怕困难的品质。

五、休闲娱乐，促进身心健康

大众游泳活动可以不拘形式与内容，不受年龄、性别限制，是一项“休闲体育”。在盛夏，人们可以家庭为单位或与亲朋好友一起到泳池、水上游乐处或海滩进行游泳、水中游戏，纳凉消暑，不但能使肌肉得到放松，而且能使紧张的神经得以松弛，心情舒畅，促进身心健康。

六、服务国防与竞赛，为国争光

在国防建设上，游泳是军事训练的重要项目之一。游泳可以提高水中作战能力，有助于在作战时克服艰难险阻，更好地保护自己，保卫祖国。在运动比赛方面，中国游泳队在比赛中不断创造佳绩，为国争光，对我国从体育大国迈向体育强国具有重要意义。同时，游泳也能促进国际文化交流，使各国之间相互了解，共同发展。

游泳能强身健体，防治疾病，健美体型，娱乐身心，锻炼意志，有很强的竞技、欣赏功能和实用价值，为越来越多的人所喜爱。因此，游泳运动被誉为“21 世纪最受欢迎的体育运动项目”之一。

第三节 游泳的基本常识和场地

一、游泳前的准备工作

(一)购置游泳用品

不论是游泳的初学者,还是经常参加游泳比赛的运动员,都应准备一些游泳的必备用品和辅助用品,这样才能使游泳活动安全进行。而游泳的必备用品主要有泳装、泳镜、泳帽,辅助用品有鼻夹、耳塞、浮体物品、浴衣(巾)和拖鞋等。

1.游泳必备用品。

(1)泳装。泳装分男子泳裤和女子泳衣,根据用途又分比赛泳装和普通泳装。比赛泳装,根据规则对面料和身体覆盖面的尺寸等都有严格的规定。男子普通泳裤主要有三角和平角两类,女子的泳装较为时尚,有连体和分体两类,主要以氨纶和锦纶面料为主。

(2)泳镜。如果水质不干净,游泳时细菌很容易进入眼内,以致患上红眼病等。为了预防眼病,游泳时需要戴游泳眼镜。对于游泳初学者来说,戴游泳眼镜可以观察水下,同时起到保护眼睛免受水中病菌感染的作用。

(3)泳帽。泳帽可以减少头发受含氯池水的浸泡,避免游泳时头发散落遮眼和防止头发脱落于池水之中。泳帽主要由硅胶或氨纶材料制成,色彩斑斓,可选择自己喜欢的款式和花色。

2.游泳辅助用品。

(1)鼻夹。游泳时,由于水波常会把水冲入鼻孔,导致呛水、咳嗽。初学游泳者可以准备一个鼻夹,它可以避免呛水,使初学者用口吸气,辅助初学者掌握换气技巧。

(2)耳塞。游泳时,水流入耳朵是难以避免的。耳朵进水后易让人感到不适,有时会引起疼痛以致影响听力。为了防止水进入耳朵,游泳时可以戴上耳塞。

(3)浮体物品。初学游泳者最好自备一些浮体物品,例如救生圈(衣)、泡沫或塑料打水板等。但自备这些物品时,要时刻检查安全性,如救生圈(衣)有无漏气,以防发生事故。

(4)浴衣(巾)和拖鞋。浴衣(巾)和拖鞋是游泳者常备的用品,在游泳的间歇或游完上岸后，用毛巾擦干身体，披上浴衣(巾)，穿上拖鞋，既可以保暖，防止感冒，又比较卫生。冬泳时，这更是不可缺少的。

(二)选择游泳场所

游泳首先要选择安全、卫生制度规范、管理严格的游泳场所，使我们能够在水质清澈、干净、卫生和有安全保障的环境中享受游泳的快乐。若去天然游泳场所，更要选择沙滩平坦、水质好、无急流漩涡、风浪小、救生人员和设施配备齐全的地方，并且选择天气情况较好的时候游泳。

(三)游泳计划及活动内容安排

游泳前要认真计划，合理安排游泳锻炼内容，把单调的游泳变得丰富多彩，使游泳活动顺利进行，也使锻炼得以常年坚持。游泳计划包括游泳时间、游泳地点、出行交通、食品、游泳活动内容和锻炼负荷等。

游泳时间一般应选择工作之余的休闲时间，要确定间隔时间，即一天一次，还是两天一次。如果去室外或天然游泳场所，还要考虑天气的影响，游泳锻炼的时间可灵活机动一些。游泳锻炼的效果不是体现在一两次游泳中，而是体现在常年坚持上，持之以恒，才能达到锻炼的目的。

食品的准备主要是针对郊游式游泳。对于中老年人和小孩以及一些游泳时间较长的游泳人群来说，要准备一些热量高的食品，以备游泳后饥饿时补充能量。

游泳活动内容的选择要依据自己的体能、锻炼习惯和爱好而定。虽然个人单独去游泳也是一种锻炼的形式，但为了使游泳锻炼富有休闲性和社交性，建议结伴游泳。结伴游泳包括同伴游泳和家庭游泳两种组织形式。结伴游泳能够使单调枯燥的游泳锻炼变得有趣。结伴游泳是把兴趣、爱好相同的伙伴聚集在一起，在同一时间、同一场所进行游泳的组织形式。同伴游泳形式不仅可以让游泳者交流锻炼心得体会，共同制订锻炼计划，相互督促和相互鼓励，提高锻炼的积极性，而且有利于扩大社交范围。此外，如果遇到突发事件，还能够相互照应，比单独游泳安全性更高。家庭游泳是一种很好的组织形式，游泳可增进家庭成员之间的亲情，促进家庭和睦。特别是现代社会工作节奏快，工作压力大，全家人如能聚在一起享受天伦之乐，不仅可以放松精神，还可以培养和教育小孩，使小孩养成爱锻炼的好习惯，形成健康向上的生活方式。家庭游泳是现代社会提倡的“终身体育”的极好形式，它有利于全家人的身体健康和身心素质的增强，更有利于小孩的个性培养。

锻炼负荷的安排要有计划，最好根据自己的年龄、身体条件、游泳技能水平等情况，制订阶段性的运动量和运动强度。

（四）游泳前的热身运动

游泳前进行温水沐浴后再入水，就不会感觉很冷。因为温水沐浴（在30~40 ℃之间）能够带走身上的部分热量，这样会使你的体温接近水温。

准备活动，如做体操，可以改善身体各器官系统的状态，提高神经系统的兴奋性和机体的灵活性。做完准备活动以后，心脏和呼吸器官的活动增强，血液循环和物质代谢加快，肌肉的力量和弹性增加，关节活动范围加大，灵活性提高。身体的这些变化，有利于游泳者更快地适应游泳活动，同时对预防肌肉痉挛（俗称"抽筋"）和拉伤有一定的作用。如果没有做准备活动就进入水中，容易出现头晕、恶心和心慌等不适感觉，或发生肌肉痉挛和拉伤。准备活动的内容和运动量，根据不同的游泳姿势而不同。但基本要求是必须使身体各部分肌肉、关节活动开，尤其是游泳中负担较重的部位，如蛙泳时身体的下肢、膝关节，自由泳时身体的上肢、肩关节等。一般，准备活动可做几节广播操或跑步、跳跃等，还可以做些划臂、踢腿等动作，活动颈、肩、腰、髋、膝和腕等关节部位。除身体活动以外，在下水前，还应该先用水擦拭面部、背部、胸部和大腿，使身体对水温的刺激逐渐适应以后再进入水中。

二、游泳的安全卫生常识

游泳时身体衣物覆盖面较少，人体浸在水中，肌肤直接与水接触，甚至还会喝进游泳池的水，这就要求游泳池的水必须符合国家制定的水质标准。如果在游泳过程中不注意卫生，不仅会污染池水，还会使自己和他人感染疾病。水是人类不熟悉的运动环境，水既能载人运动，使人得到锻炼和休闲，也能造成溺水事故，使人失去生命。这就告诫我们在游泳锻炼时，要注意安全，要遵守游泳场所的规章制度，安全、卫生、科学地进行游泳锻炼，防止感染或传播疾病，杜绝事故发生。

（一）遵守规定，文明游泳

游泳前要认真阅读和熟悉游泳场所的各项管理规定、警示和告知牌等，了解游泳场所的池水深度、池水水温、设施布局等。严格遵守游泳场所的安全卫生等管理规定，如酒后、疲劳、太饱和空腹时都不能游泳，激烈运动后也不能立即下水游泳；严禁在水中进食；排泄物须排入指定地方；下水游泳前要冲洗身体，穿干净的泳装，戴好泳帽和泳镜；要注意自身安全，不做游泳场所不允许的危险动作，如浅池跳水、潜水、追逐打闹等；遵守患有传染病等疾病时不适宜游泳的规定；女性月经期间不能下水游泳。

（二）安全第一，量力而行

虽然游泳对身体的损伤率较低，但溺水死亡率却高于其他运动项目。因此，参加游泳活动时，安全高于一切。要做到安全游泳，除游泳场所要有周密的安全防护措施外，游泳者自身更要重视安全。第一，要学习和掌握一些自救和救人的方法，遇事沉着冷静，方法选择得当；第二，游泳前要充分做好热身运动，使身体运动系统和循环系统进入运动状态，避免发生肌肉痉挛和损伤；第三，正确评估自己的体能和技术，不要盲目到深水区游泳，不要盲目去不熟悉的天然场所游泳，不要盲目追求过大的运动量和运动强度，量力而行，循序渐进；第四，结伴游泳既有利于交流和沟通，更有利于相互进行安全监督；第五，游泳教学更要重视对学生进行安全教育，游泳救人技能与游泳技术的教学要同步进行，教师要切实制订游泳教学的安全措施，严密组织教学，防患于未然。

（三）泳前体检，安全游泳

游泳前体检是为了防止患病者在游泳时发生事故，同时避免有些疾病的相互传染。凡患有传染性肝炎、严重皮肤病、细菌性痢疾、红眼病等未痊愈患者，不能到公共游泳场所游泳；严重高血压病、心脏病、精神病、癫痫等患者，严禁下水游泳，以免发生意外；一般心脏病患者必须得到医生的允许或在他人监护下方可游泳；患有性病或阴道滴虫感染、尿路感染、严重脚癣等患者，游泳时容易传染给他人，因此不能去公共游泳场所游泳，治愈后方可游泳；急、慢性中耳炎，鼓膜穿孔，活动性肺炎，急、慢性肾炎，支气管炎，哮喘等患者，游泳容易使病情加重，因此也不能游泳。

（四）游泳后要及时淋浴冲身

游泳结束后，要把全身冲洗干净，并擦干身体，及时披上浴衣（巾）保温，防止感冒。然后滴上氯霉素或硼酸眼药水，擤出鼻腔分泌物。若耳道进水，可采用“同侧跳”将水排出。之后，再做几节放松体操及肢体按摩，或在日光下小憩15~20分钟，以避免肌群僵化和疲劳。

课外思考

1.通过上网查看古今关于游泳活动的史料及图片,了解游泳的发展历史。

2.游泳对身心健康有哪些益处?

3.游泳的安全常识包括哪些内容?

第二章

游泳运动的类别

第一节 大众游泳

一、实用游泳

实用游泳是指直接为生产、军事、生活服务的游泳活动，包括踩水、反蛙泳、侧泳、潜泳、水上救护、着装泅渡等非竞技游泳技术。竞技游泳技术虽不包括在实用游泳技术中，但在泅渡、水上救护、运动和水上做积极性休息时，常采用蛙泳、仰泳等泳姿；在快速救护时，常采用爬泳等泳姿。[①]

（一）实用游泳技术

1.踩水。

在民间或军事上渡江过河，通过浊水逆流，进行水上运输或救护溺者时，常常使用踩水。踩水的形式有很多，比较常见的是采用类似蛙泳的动作（如图2-1-1所示），但是身体与水面所构成的角度较大，接近于直立。这种游泳方法，两臂放松伸出，用手掌和两臂在体前向内和向外压水，两腿做蛙泳的蹬夹水动作。蹬夹水时，先屈膝，小腿和脚向外翻，然后两膝向里扣压，用小腿和脚内侧蹬夹，手臂和腿的动作互相配合好，身体即在水中浮起。手和腿的动作几乎同时做出，必须连贯、有节奏，呼吸要随手和腿的动作节奏自然进行。用踩水方法向前游进时，身体略向前倾，腿稍向侧后蹬水，两臂向后压水；向侧游进时，身体向侧倒，手、腿向游进反方向压水与蹬夹腿，这样就可以自由地向各方移动。熟练后，仅用两腿的蹬踩动作即可使身体浮起，踩水时头部始终露在水面上，便于识别方向，两手可以露出水面自由持物。

2.反蛙泳。

图2-1-1

反蛙泳也称作蛙式仰泳，反蛙泳一般用于运物、救护溺水者、长距离游泳。反蛙泳的身体姿势和仰泳的身体姿势相同，身体自然伸直，仰卧于水面，两臂置于体侧或前伸，稍收下颌，头的后半部浸于水中。具体

①禹文，沈建伟.游泳[M].重庆：西南师范大学出版社，2013：15.

地，身体仰卧，口鼻露出水面，臂和腿的动作可交替进行（也可同时进行），即两臂划水时躯干和腿自然地伸直呈流线型，出水时收腿，蹬腿的同时（利用蹬腿的推力）臂摆向头后入水，然后在体侧同时向后划水。反蛙泳时，腿的蹬夹动作是推进身体前进的主要因素。腿的动作从身体伸直仰卧滑行姿势开始。收腿、翻脚、蹬夹3个环节是紧紧相连的，收腿尚未完成就开始翻脚，在翻脚的开始阶段继续完成收腿；翻脚尚未完成即开始蹬夹，在蹬夹的开始阶段继续完成翻脚。整个动作要连贯，中间不能有明显的停顿。尤其应注意的是，在收腿、翻脚、蹬腿的全过程中，膝关节不能露出水面。两臂动作从贴于体侧的滑行姿势开始。首先，以拇指领先，两臂自然伸直提出水面，并放松地沿体侧的垂直面经空中向前摆动。两臂摆过脸部上方时开始内旋，使小指侧转向下。然后，两臂伸直在肩前同时入水。反蛙泳的动作如图2-1-2所示。

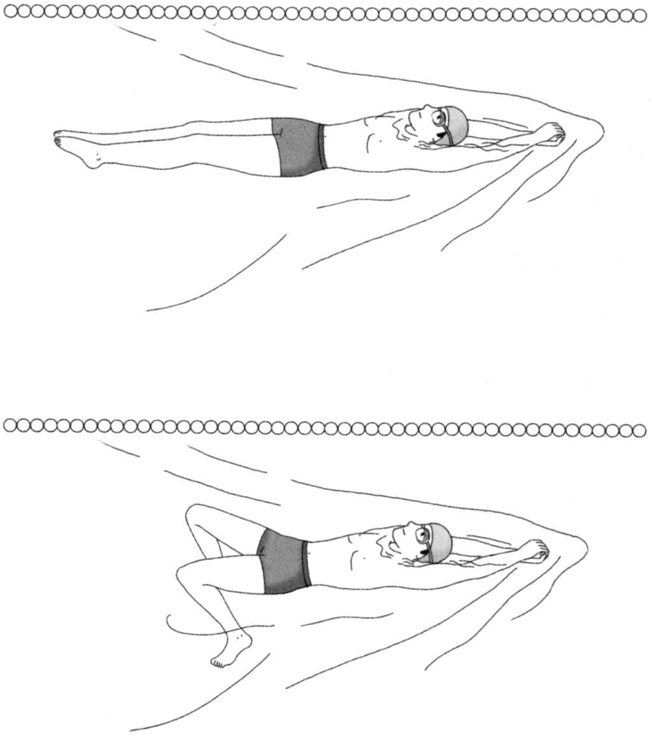

图2-1-2

3.侧泳。

侧泳是指身体侧卧在水中，用两臂交替划水，两腿做剪水的动作游进。侧泳的方法有很多，大致分为手出水和手不出水两种技术。一般把侧泳称作“安全泳姿”或者“实用泳姿”，以区别于“竞技泳姿”。通常来说，在着衣意外落水或者风浪较大的情况下，侧泳是比较合适的游法。学会侧泳，自救能力会提高。

侧泳是身体侧卧在水中向前游进的一种游泳方式，侧泳常用于水上救生工作和水上托运物品。侧泳时，两臂交替划水，两腿做蹬剪刀腿动作（如图2-1-3所示），结合蛙泳蹬腿和爬泳划臂的一些特点，侧泳不仅速度较快，而且呼吸自然，动作轻松，易掌握。[①]

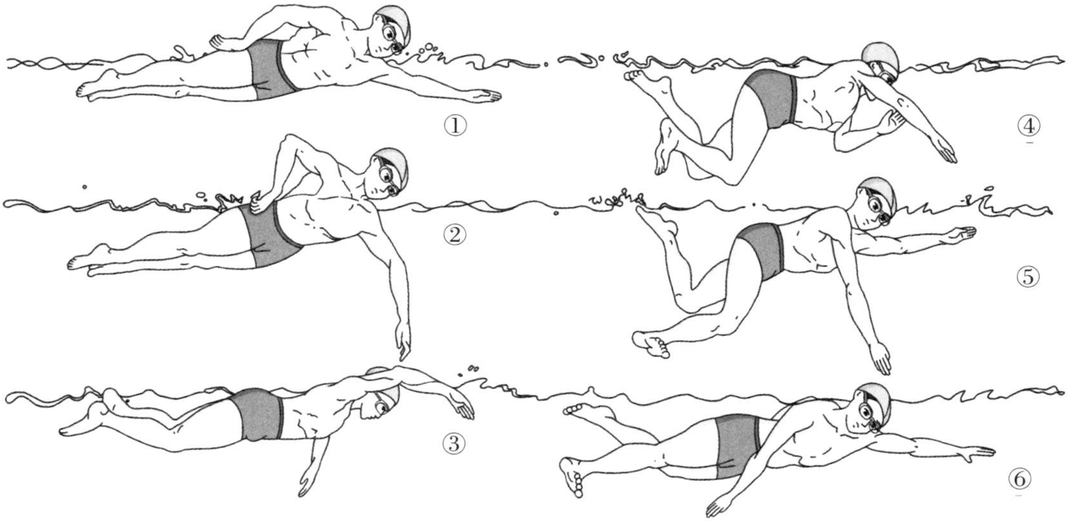

图2-1-3

4.潜泳。

潜泳是在水下游进的一种游泳技术。有一类潜泳要使用专门的器材，如氧气瓶、脚蹼等，在国际上已被列为竞技体育项目，称为潜水运动。另一类潜泳是指在民间广为流行的潜泳，由于其不受装备限制，简单易行，又具有较好的隐蔽性，因而在水下作业、科学考察、抢救溺水者等方面及在军事上，都有较多的应用。潜泳有很多种类，每种类型都有不同的作用。潜泳包括潜远和潜深两种方式，潜远主要有蛙式潜泳，长划臂潜泳，利用爬泳、海豚式划臂潜泳，利用爬泳、海豚式打腿技术的爬式潜泳等。在进行水下作业、科学考察或抢救溺水者时，不论是采用蛙式潜泳还是长划臂潜泳，都有一个在开始时迅速下潜到一定深度以进行搜索、接近目标的问题，这就要用到潜深技术。潜深技术包括头朝下潜深和脚朝下潜深。

①沈潜.游泳高手（技术图解）[M].长沙：湖南文艺出版社，1999.

（二）水上救护

水上救护是指水上发生事故时，对溺水者与非溺水者所采取的救护措施，大致可以分为直接救护和间接救护两种。

1.直接救护：在没有救护器材或溺者已处于昏迷状态时直接由救护人员施救的救护方式。直接救护应该注意下列事项。

(1)救护人员在入水前应观察好溺水者的被淹地点、浮沉情况(或已昏迷下沉，或正在水中挣扎)。如果溺水者落入静水，救护人员可以直接入水向溺水者游去进行救护。如果溺水者落在急流的江河中，救护人员应跑到溺水者的斜前方入水，向溺水者游去施救。

(2)救护人员如果对水域情况不熟悉，切忌头先入水，最好采取两腿前后分开，两臂伸向两侧或伸向前方的入水方法。

(3)接近溺水者时应用蛙泳向前游进以便注视溺水者的动作。当溺水者正在挣扎时，救护人员不可迎面接近溺水者，而应从背后去救护，以免被溺水者抓住，发生危险。接近溺水者后，先从背后将溺水者托出水面，然后用侧泳或反蛙泳将溺水者运到岸上，进行抢救。

(4)救护人员不仅要掌握救人的技术,而且要掌握解脱的技术。

2.间接救护：投掷救生圈、救生衣、木板等救生器材进行救护。

（三）着装泅渡

着装泅渡是一种实用的游泳。在日常生活中，特别是在抗击洪水或战争中，需要穿着服装游渡河川，这就是着装泅渡。这种泅渡分为利用具有浮力的器物和不利用器物两种。着装泅渡前，应先把领扣解开，衣裤口袋翻过来，脱下鞋子绑在腰上，以减轻游渡的负担。在集体泅渡时，必须做好组织工作。每组人员按游泳技术好坏均匀搭配。在水面宽阔或在急流逆水中，都要安排好泅渡的顺序，特别要考虑借助工具浮力的可能性，选择可靠的泅渡工具，了解水流的速度，视察和确定要到达的目标。泅渡人员的间隔不宜过近或过远，过近会妨碍个人动作，过远则难以互相照顾。游渡时一般采用蛙泳或侧泳，也可交替使用这两种姿势。在集体游渡时，游泳水平较低的人可以借助小木排，由别人推扶或用绳索拖带前进。具体动作如图2-1-4所示。

图 2-1-4

二、娱乐健身游泳

娱乐健身游泳指的是人们为了追求快乐，缓解压力，在具有轻微运动负荷的前提下进行的游泳。通过游泳增强人的心肺功能，提高身体免疫力，起到娱乐健身的作用。

（一）健身游泳

游泳是在水中进行的一项运动，对人体十分有益，也是生产、生活、竞赛、军事活动中十分有意义的一种技能。游泳不仅是一种求生技能，经常游泳锻炼还具有强身健体的作用。游泳时，水的压力、阻力、浮力和较低水温的作用能使人体的各器官都得到锻炼。水的导热能力比空气大30倍左右，据测定，人体在12 ℃的水中停留4分钟所发出的热量，相当于人在陆地上1小时发出的热量。经常参加游泳锻炼能改善体温调节能力，以适应外界气温的变化。加之游泳锻炼时肌肉活动所耗热量必须尽快补充，从而促进人体的新陈代谢，所以游泳对人体的心肺功能具有显著的作用。

（二）娱乐游泳

娱乐游泳可以不拘形式与内容，不受年龄、性别限制，是一项“休闲体育”。在盛夏，人们以家庭为单位或与亲朋好友一起到泳池、水上游乐处或海滩游泳、嬉戏、纳凉消暑，不但能使肌肉得到放松，而且能使紧张的神经得以松弛。

（三）康复游泳

经常进行游泳锻炼能有效地增强体质，因而游泳也是预防疾病的重要手段。游泳时，身体会受到冷水的刺激，长期游泳锻炼能增强机体适应外界环境变化的能力（如抵御寒冷），所以经常游泳者不易感冒；游泳时，水的浮力作用和身体平卧水面时脊柱的充分伸展，对预防和治疗脊柱侧弯颇有益处；游泳时，水流和波浪对全身体表产生特殊的按摩功效，所以也有助于身体机能的恢复。据研究，经常游泳对许多慢性病有明显疗效，如慢性肠胃病、神经衰弱、习惯性便秘、慢性支气管炎、哮喘等。很多康复中心都将水中运动当作治疗慢性病和身体恢复的重要医疗手段。

（四）水中游戏

水中游戏是以促进身体健康、帮助加快熟悉水性、增强水感为目的，具有特定的内容、情节、形式、规则及要求的一种有组织的水中体育活动。它既可以作为一般的身体锻炼和恢复身体机能的手段，又可以作为游泳教学的辅助练习。水中游戏的内容生动活泼、丰富多样，且有知识性、趣味性、娱乐性和竞赛性，容易激发青少年和广大游泳爱好者的积极性。

1.水中健身操。

水中健身操也称“水中体操”,目前在世界各国都较为流行,它主要是利用水的浮力、阻力、压力,通过四肢、躯干的活动以及利用水环境使人体能够做水平的运动,来增强心肺机能、肌肉力量和关节柔韧性。水中健身操比较适合中老年人和妇女,也适合体力较弱、某些慢性病患者以及伤残人士,对他们的身体素质、身心健康、康复治疗有积极的作用。

2.水上排球。

在炎热的夏天,游泳是众多人喜欢的降温方式,但是仅仅游泳已经满足不了人们的娱乐需求,于是人们便在水上创造出了有趣的小游戏,水上排球就是人们最喜爱的水上游泳之一。游戏规则:在游泳池里放一个气排球,人数不限,指定一人抢球,其余的人接应球不让抢球人接触到球,抢球人抢到球后就交换角色继续抢球。在游戏过程中,需要运用各种游泳姿势,快速抢到球。水上排球游戏方式简单,没有太多的规则,每个人都能参加,既能起到增进感情的作用,又能让身体得到锻炼。

3.水底“捞金”。

水底“捞金”是一项潜水运动,这项游戏对游泳者的水性要求较高,要求具有一定的憋气能力,该游戏需要在安全的游泳池进行比赛。游戏规则:将硬币或石头等小物件(物品)撒在游泳池底部,比赛者潜入水底将其捞起,谁捞得最多就获胜。这一比赛也可分组进行,哪只队伍捞得最多则全组获胜。

4.推人过河。

游戏规则:组织人数相同的两个队,分别派一名队员坐在泳圈内,两队其他成员平均分布在20米的接力区两边,从起点出发,用游泳的方式将泳圈内的人推到20米处,再由另一队队员用同样的方式将泳圈推回起点。泳圈内的人不得用手划水,第一次用手划水给予警告,第二次视为犯规,并在总用时上加5秒,用时短的队伍获胜。

三、冬泳

冬泳是指冬天在户外的水域(包括江、河、湖、海等天然水域与水库等人工水域)在自然水温下进行的游泳运动。

(一)冬泳对人体的作用

1.增强神经系统的功能。

经常冬泳的人脑垂体和肾上腺素系统功能较强,因长时间用冷水刺激身体,形成条件反射，一遇到冷刺激，大脑神经系统兴奋，调动全身各个器官系统加强活动，增强防御，产热抗寒冷，刺激全身肌肉运动起来，从而使全身器官得到锻炼，神经活动的灵活性得到增强，进而提高人体的抵抗能力和免疫力。

2.增强心血管系统的功能。

冬泳可促进全身血液循环和新陈代谢，皮肤血管受到温度的影响快速收缩，血液被吸入内脏器官及深部组织，这样内脏重要脏器的血管就扩张。人体为了御冷，皮肤血管很快又扩张，致使大量血液又从内脏流向体表。这样有规律地一张一缩，使血管得到锻炼，增强血管的弹性，所以冬泳也叫“冬泳体操”。

3.增强呼吸系统的功能。

一般情况下，经常冬泳的人呼吸都深长有力，能吸到更多的氧气，呼出更多的二氧化碳。呼吸肌遇冷一收一张，得到锻炼，能使呼吸系统功能增强。

4.增强消化系统的功能。

经常冬泳的人，因为游泳时呼吸加深，膈肌上下升降幅度增大，使得肠胃的蠕动幅度相应加大，因此对慢性肠胃炎、胃下垂、便秘有很好的治疗效果。

5.对皮肤具有清洁与按摩作用。

经常冬泳的人，全身的皮肤和肌肉被水按摩和冲击，皮肤血管强力舒张，血液循环增强，肌肉和皮肤得到充分的按摩、放松，因此皮肤会变得红润有光泽且富有弹性。

此外，冬泳还可以增强免疫力，塑造健美的体型，磨炼意志等。

（二）冬泳的注意事项

1.在天然的室外水域进冬泳时，要注意选择干净、水流平稳、无旋涡的安全水域游泳。

2.要遵守循序渐进原则，在温度较低的情况下，下水时间以5~8分钟为宜，随着身体慢慢适应，感觉良好，可以适当延长时间，但不要超过20分钟。下水的总时长因个人感觉而定，不要等到身体打寒战了才结束。最好选择在中午或者下午进行冬泳，早上温度较低，身体不易适应。

3.冬泳时要注意做好保暖措施，带好保暖衣物，如浴衣（巾）、拖鞋、保暖服装等。

4.入水前必须要做好热身准备，但不要出汗，下水前先用水将脸部、胸部淋湿，让身体慢慢适应水温以及外界温度。

5.不要为了增加热量而喝酒，这样会破坏身体调节能力，游泳结束后可以喝些热饮。

6.上岸后应马上穿上鞋子，用干毛巾擦拭身体，穿上保暖衣，做整理运动或者小跑使身体发热。

7.冬泳时，不要在水里静止不动，若感到不适或疲劳马上上岸休息。

8.根据个人的身体状态进行冬泳，不要勉强或带病参加冬泳，这样不仅没有健身的作用，反而会给身体带来危害。

9.剧烈运动后出很多汗时不宜马上下水冬泳，应休息一会儿，等机体系统恢复平静后再进行冬泳。

10.女性在经期不宜下水冬泳。

第二节 竞技游泳

一、游泳池比赛

（一）蝶泳

蝶泳是游泳项目之一，蝶泳技术是在蛙泳技术动作基础上演变而来的。当蛙泳技术发展到第二阶段时，在游泳比赛中，有些运动员采用两臂划水到大腿后提出水面，再从空中迁移的技术，从外形看，好像蝴蝶展翅飞舞，所以人们称其为“蝶泳”。蝶泳在4种竞技游泳姿势中是最后发展起来的泳姿。由于它的腿部动作酷似海豚，所以又称“海豚泳”。

（二）仰泳

仰泳，又称背泳，是一种人体仰卧在水中的游泳姿势。仰泳包括反蛙泳和反爬泳，因为脸面在水面上，呼吸很方便，但是游泳者看不到在往哪里游，容易游错方向。仰泳是唯一一种开始动作在水中的泳姿，其他泳姿都是跳入水中。

（三）蛙泳

蛙泳是一种模仿青蛙游泳动作的游泳姿势，也是最古老的一种泳姿。蛙泳时，游泳者可以方便观察前方是否有障碍物，避免撞上障碍物。蛙泳是竞技游泳姿势之一。人体俯卧于水面，两臂在胸前对称直臂侧下屈划水，两腿对称屈伸蹬夹水，似青蛙游水。蛙泳较省力，易持久，实用价值大，常用于渔猎、泅渡、救护、水上搬运等，同时也是游泳初学者的学习项目。

（四）自由泳

严格来说，自由泳不是一种游泳姿势，而是竞技游泳的一个比赛项目，它的竞赛规则对游泳姿势几乎没有任何限制。自由泳游泳姿势结构合理，阻力小，速度快、均匀，是最省力、速度最快的一种游泳姿势。所以，人们在对泳姿几乎没有任何限制的比赛项目中往往会使用自由泳这种阻力小、速度快的泳姿。人们通常把自由泳和爬泳等同看待。20世纪50年代以前，游泳运动员都非常重视两腿打水的作用，一般都是两臂轮流划水1次就打腿6次。后来研究证明，打腿的能量消耗比划臂大得多，而推动身体前进的动力主要来自臂部的划水动作。因此，以臂为主的现代自由泳技术重视臂的划水动作和两臂的配合。

（五）跳水

跳水是一项非常优美的水上运动，分为竞赛性跳水和非竞赛性跳水两大类。它是从高处运用人体控制做出各种姿势跃入水中或是从跳水器械上起跳，在空中完成一定动作姿势，并以特定动作入水的运动。跳水运动包括实用跳水、表演跳水和竞技跳水。其中有1米、3米跳板跳水和5米、7.5米和10米跳台跳水。跳水运动要求运动员有空中控制的能力，有一定的空中感觉、协调性、柔韧性、平衡感和时间感等。竞技跳水有单人竞赛项目也有双人竞赛项目。跳水运动员运用超强的控制能力，在空中做出规定动作，裁判员通过运动员完成的难度系数进行评分。我国出色的跳水运动员有田亮、郭晶晶、吴敏霞、施廷懋等。

（六）花样游泳

花样游泳是一项融合了舞蹈动作和音乐旋律的优美的水上竞技项目。花样游泳女子项目起源于20世纪20年代德国、英国等欧洲国家。原为游泳比赛间歇时的水中表演项目，由游泳、技巧、舞蹈和音乐编排而成，有“水中芭蕾”之称。学习花样游泳需要先学会自由泳、蛙泳、蝶泳、仰泳这四种竞技游泳，可以说花样游泳包含了竞技游泳的所有动作，对游泳运动员具有超高的要求。

所谓花样游泳就是在各种游泳方法的基础上，编排出独具特征的基本形式（花样），并使之与音乐的节奏、旋律和情调等协调一致。另外，在两人以上八人以内的集体表演中，运动员表演的时间、速度、方向、高度和角度必须协调一致。

（七）水球

水球是在水中进行的集体球类运动，是一项融合游泳、手球、排球的运动。比赛方法与足球类似，以进对方球门次数多的一方为获胜方。水球运动员在比赛中以各种游泳的方式运动，除了守门员外，两手同时握球是一种犯规行为。由于水球的比赛规则与足球类似，也被人们称为“水上足球”。

水球是在水上与游泳运动相关的一项体育运动，比赛场地设置在安全的游泳池或自然水域上，比赛场地长60码（1码=0.9144米），宽40码。比赛设有裁判员1名和守门员2名，每个队上场队员为7人（包括1名守门员）。

比赛时间为32分钟，分4节进行，每节8分钟，死球时停表。两节间休息2分钟，同时交换场地。场外替补队员6人，任何一方得分或每节开始比赛前，均可换人。除守门员外，任何人不得用双手触球。比赛过程中运动员可运用各种游泳姿势在水里快速移动，所以这种运动对运动员的力量、速度、耐力和灵活性要求较高。

二、公开水域比赛

公开水域比赛是指在江、河、湖、海这些自然水域中进行的游泳比赛，如游渡海峡、横渡江河、长距离游泳比赛等。这类比赛各有特定的规则要求，但没有严格的泳姿要求，运动员多采用自由泳参赛。

游渡海峡活动历史悠久，1810年著名诗人拜伦横渡赫勒斯滂海峡，揭开了近代横渡海峡史的篇章，此后世界上许多海峡都被人类所征服。横渡海峡已成为世界性的游泳活动，如横渡英吉利海峡的第一个被公认的世界纪录是由英国人韦布于1875年创造的，成绩是21小时45分钟。从20世纪50年代起，横渡海峡引起越来越多人的兴趣。目前，横渡海峡的活动不仅男子参加，许多女子也加入这个活动。

关于在公开水域游泳的规定：

1. 赛程须在水流和潮汐较小的海水或流动水域中进行；

2. 比赛水域任何部位的深度不得少于1.4米；

3. 水温不得低于16 ℃或高于30 ℃；

4. 自然状况下，如果发生雷暴，公开水域的比赛应暂停进行。

1. 潜泳有哪些方式？

2. 冬泳和夏泳有何区别？谈谈你对冬泳的看法。

3. 跳水时应该先具备什么样的条件？

4. 竞技游泳有哪些比赛？

5. 游泳还有哪种形式的比赛？

第三章

游泳技术分析与学法

第一节 水感与意识培养

一、水感

水感是人体通过接触水环境所产生的一种抽象化的主体感觉，这种感觉包含了人体的多个抽象化层面，如人体的皮肤、神经和肌肉等，可以理解为游泳者的一种特殊素质和感知能力，也是一种专门化的身体感知。水感的好坏直接影响游泳运动的成绩。游泳初学者的水感培养，不仅有助于解决学生“恐水”和“惧水”的心理问题，也体现了教学方法和教学内容的多元化，更能够在游泳实践中切实提高身体对水的感知能力，使学习者重新认识人和水的相互关系，凸显并还原在教学中被技术至上所遮蔽的身体本位意识。①游泳中的水感和技术相互影响，相互作用，在实践中不能彼比孤立。

（一）水感的概念

水感，顾名思义就是游泳时人体对水产生的复杂的主观感觉。但正因为它是属于人体的主观感觉，因此到目前国内外对此的认知还处于各执己见的状态。例如，国外的一位研究者曾提出游泳者对水的“自我感觉”即水感，水感越不好的人对水的压力变化的敏感度越低，反之同理。当然，国内也有不少学者对此下过定义，如原国家游泳队总教练陈运鹏曾用“轻”“飘”“浮”“贴”四个字对良好的水感进行简要总结；廖品松认为，水感是游泳者对水的特性产生的主观感觉（生理和心理）和客观反映（人体通过对水的物理性感知而表现出的外部特征）②；王建宇认为，水的物理特性不属于水感概念范围③；施振豪指出心理和生理因素才是培养水感的关键所在④；更有学者认为水域介质和人体神经传导通路、皮肤和肌肉感受器是影响游泳者水感培养的重要因素；等等。

综上所述，水感是人体在水环境下对水下各种变化的直观感受，并由大脑皮层对其进行分析和整理，从而锻炼出良好的控制能力来帮助自己做出正确的游泳动作，把握合适的方向和速度等，是游泳运动员掌握和提升游泳技术的关键点。游泳初学者和青少年对水

①毕从扬，张加丽．对游泳初学者心理分析研究[J]．西部皮革，2018，40（12）：100，103.

②廖品松．关于“水感”问题的几点认识[J]．四川体育科学，1989，（4）：28-31.

③王建宇．游泳运动员水感若干问题的初探[J]．广州体育学院学报，1995，（3）：49-53.

④ 施振豪．对游泳运动员水感若干问题的探讨[J]．游泳季刊，2002，（1）：22-23.

比较“陌生”，特别是刚开始学游泳时，对水存在着恐惧感，心理适应能力较弱。鉴于此，则亦可将“水感”简单地理解为人体感官对水的温度、浮力、阻力和压力的感受。

（二）水感的重要性

不难理解，游泳者的“灵魂”便是水感，它是游泳运动成绩好与否的关键点，对于学习者来说意义重大，且其涉及范围广，如游泳技术、技巧以及知觉感应等。所谓的“感”指的是人体在长期坚持某项运动后所形成的一种条件反射和感知能力，存在于肌肉中。这对游泳教学质量的提高、游泳心理的强化和游泳技术的提高有极其重要的作用。但就培养学习者水感的方式来说，教师的指导也很重要，其中尤其重要的一点便是引导学习者不断增强心理体验，在指导其加强基础技术练习的同时，还应使其在水中的身体感觉得到良好的培养。只有这样，游泳学习者的水感才能日益增强，且游泳能力也能得到大幅度提高。

（1）水感培养中较为重要的一点是依靠水流的变化来不断调整肢体的运动方向，由此获得更大的推进力。

（2）游泳运动员的“生命”即水感，身体对水的较强适应能力和规范泳姿动作的生成对游泳学习者而言都是必不可少的，且两者的前提都是拥有良好的水感。

（3）好的水感是练就成熟技术动作的基石，有了好的水感后划水和打腿动作省力、高效，划水效果好，动作轻松连贯，游进效果显著，身体流线型明显。

（4）水感有助于游泳学习者在短时间内快速掌握游泳技术，尤其是对学习时间不多的学习者来说，可以增强其信心和勇气，也可以在短时间内达到考核成绩。

（三）水感的培养方法

水感的训练与培养可以使游泳者在训练过程中充分发挥自己的潜力并达到理想效果。学习游泳的关键之一是培养水感，游泳初学者对水环境不熟悉，对水环境随机不定的变化缺乏很好的掌控力，所以这时候身体对水的机敏感觉很重要，良好的水感能加快其熟悉水性。

水感具有“柔韧性”，游泳者水感的培养与多方面的因素有关，例如游泳者的训练、技术和身体等，还有游泳的速度以及水的温度。基于此，游泳者必须制订长期、系统、规律的训练计划。只有这样才能逐步获得良好的水感和成熟的技术，但这一点在短期内很难完成，尤其是手上的技术动作和对水的感知觉，如手臂、手掌和手指对水的感知觉，手臂做抱水、手掌做推水和划水、手指做抓水等,需要加强练习。当然,这几个部位除了是游泳前进时的主要力量来源外,还是控制身体和感受水流变化方向的"指示灯",因此对此训练板块应列出详细的训练方法和步骤,尤其是感知觉的训练。同时,游泳初学者在学习游泳的过程中离不开教师的悉心引导,这也是关键点之一。因为教师对游泳初学者有启蒙作用,可以让其对游泳有正确的了解和认识,懂得如何逐步掌握动作技巧和提高技术水平,并结合多方面训练形成属于自己的完整的学习方法,以使他们在练习与思考的同时,逐步体会在水中的良好感觉,从而掌握完整正确的技术,进一步提高水平。以下是游泳学习者练习水感的方法。

1.工具辅助型式。

初学者可以通过游泳辅助工具进行练习,并根据自己的情况利用合适的工具(如浮板、浮球),加强对水感的培养。

2.游戏互助式。

初学者达到一定人数后,可以组织一些群体趣味性游戏。比如"穿山洞""火车赛跑""逆向转圈""水中赛跑""吹乒乓球""结网捕鱼""水底寻物""抓水怪""打水战"等。

3.手游式。

通过变换不同的手上动作感受水压,如手握拳与不握拳交替进行。带划手板游时,认真观察手掌在出水与入水时的角度。

4.曲线式。

在练习中,游泳者的手臂应像螺旋桨或电风扇的叶片一样以不同角度在水中变化游进,其间所产生的推力和升力是由手臂与躯干相互作用而产生的。当然手型变化对推力产生的影响在练习中也应进行深刻体会。

5.反常式。

反常式是指与平常规范方法相反的游进法。游泳者可通过俯卧、仰卧和侧卧等几种"卧姿势",体会如何在水中通过身体和手所受的作用力不同来改变身体位置,并学会使身体向前游进和向上升起的技能。如蝶泳和蛙泳组合游式,就是身体俯卧于水中,两手臂划蛙泳手,双腿打蝶泳腿的练习法。

6.特殊式。

按照游泳技术要求,游进练习时肘关节是弯曲的。但此方法相反,手臂保持直线形向前游进，简称“直臂划水练习”。此方法可使游泳者切身体会到水流速度、阻力大小与水感、游泳技术是息息相关的。只有这样，游泳学习者才能在学习过程中获得更完整的技术体系和更优异的成绩。

7.呼吸式。

呼吸时可以用口和鼻呼吸。用口呼吸时，手扶池边，口尽量张大，迅速吸气，然后将头潜入水里，3秒之后头露出水面进行一次换气。多重复几次，次数越多，呼吸越顺畅。

优秀游泳运动员的必备条件之一便是良好的水感，而好的水感是由好的技术展现出来的，好的技术是冲破水对身体造成的各种阻力所取得的。有的人先天水感就好，有的人则需要通过后天努力获得良好的水感。但无论先天还是后天，只要坚持训练，水感就会有所提升。

二、意识培养

意识培养是游泳学习的重要环节，对于初学者来说，这是一个重要阶段。它主要是让学习者有意识地了解和体会水的特性，消除怕水心理，逐步适应水环境，即有意识地培养初学者对水的浮力、压力、阻力的感觉，习惯游泳时身体姿势的改变，并初步掌握一些水中活动的基本技能，为进一步学习各泳式技术打下良好的基础。

（一）造成惧水心理的主观原因

1.水温原因。

游泳初学者往往会出现怕水的心理现象，尽管是在炎热的夏天，他们也容易产生“害怕水冷”等先入为主的观念，导致自己不适应水环境。

2.呛水、喝水原因。

大多数游泳初学者因没有成熟的游泳技术和良好的水感，容易在初学阶段频频喝水、呛水，从而产生惧水心理，但这恰恰是学会游泳的必过之关。

3.惧怕未知的水环境。

很多人对未知的事物通常都会产生莫名的恐惧，学习游泳也是如此，很多游泳初学者面对未知的水环境极度缺乏安全感，首先在心理上就给自己设下一道障碍，此种惧水心理需要花费较长的时间才能得以消除。[①]

① 吴迪，刘华斌，刘小军.游泳初学者产生“惧水”心理问题因素及对策研究[J].湖北体育科技，2014，33(9)：825-826，819.

(二)造成惧水心理的客观原因

由于人们平时的常规运动都是地上活动,而游泳是一种水中平衡运动,与常规运动差别很大。对水环境不熟悉的游泳初学者主要受以下几个客观因素的影响。

1.浮力。

众所周知,水具有浮力。因此,初学者在学习游泳的过程中不但会受心理因素的影响,还会受水的浮力作用的影响。这导致大多数游泳初学者在学习游泳时,受到浮力影响而做出错误的游泳技术动作,如习惯性地将头抬高,以为这样不会喝水、呛水,但此动作会使前进的阻力增大,浮力减小,反而更容易喝水、呛水。

2.呼吸。

游泳初学者在游泳过程中受水体压力作用和本能反应的影响,会犯游泳大忌——习惯性将嘴紧闭,用鼻呼吸。

3.肢体密度。

由于人在水环境下受浮力作用,重心会发生改变,集中到下肢部位,浮力点集中到上肢部位,再加上人的上肢密度小于下肢密度,同一水平面出现两个作用点,从而导致游泳者的身体不受常规控制而出现不平衡的现象。

(三)游泳初学者适应水环境的方法

在熟悉水性阶段,所学的动作都比较简单,练习起来比较单调,容易产生枯燥感。因此,教师应注意教学手段的多样化,多采用游戏、比赛的形式来组织教学,以活跃课堂气氛,调动学生练习的积极性。

1.水中行走。

水中行走是熟悉水性的第一步。练习的目的是使初学者初步体会并适应水的浮力和阻力,初步掌握在水中站立和行走时维持身体平衡的方法,消除怕水心理。

(1)水中行走的基本要求。

水中行走一般在水面低于肩高的水中进行。迈步时,身体应略往行进方向倾斜,大腿略抬起,小腿和脚提起来后往行进方向伸出,下踏站稳后再提另一腿;两臂在体侧,手掌打开,手指并拢轻轻拨水保持平衡。开始行走时步子不宜太大,速度不宜太快。身体重心的移动要与腿的动作协调一致。

(2)练习方法。

①在游泳池中,侧对池壁,手扶池边,向前、向后迈步行走;或面向池壁,手扶池边,向左、向右迈步行走。

②集体手拉手,在游泳池中向前、向后、向侧行走。

③在游泳池中,做向各个方向的跳跃式行走。

④在游泳池中,进行各种水中行走的游戏或比赛。

2.呼吸。

呼吸训练有助于增强水感。只有闯过了呼吸关,才能把握住打开游泳世界大门的金钥匙。

(1)呼吸的基本要求。

游泳时的呼吸,要用口在水面上吸气,吸气后脸浸入水中稍闭气,然后用口和鼻在水中缓慢呼气,直至浮出水面。由于脸部大部分时间浸在水中,抬头吸气的时间比较短,因而要求在口露出水面时不停顿地迅速把气吐尽,并借此动作将附着在口、鼻周围的水吹开,然后立即快速吸气。呼气要尽,吸气要深,呼与吸之间不能停顿。总的来说,水中的呼吸要按照“快吸—稍闭—慢呼—猛吐”这一特殊的节律进行。

特别提醒:为了今后真正获得水中活动的自由,在开始学习游泳时,就要养成水下睁眼的习惯,可以戴泳镜保护眼睛。

(2)练习方法。

①水中闭气。

扶池边或拉同伴的手,深吸气后闭气,慢慢下蹲,把头浸入水中,睁开眼睛,停留片刻后起立,在水面上换气。反复练习,逐渐延长每次水下闭气的时间。可以采用比赛的方法,看谁闭气时间长。

②水中呼气。

扶池边或拉同伴的手,深吸气后闭气,慢慢下蹲,把头浸入水中,睁开眼睛。稍停片刻后用口、鼻慢慢呼气,直至呼尽,然后起立在水面上用口吸气。反复练习,逐渐习惯这种有控制的呼气动作。

③连贯呼吸。

站立在水中,上体略前倾,两腿略下蹲,两手扶池边或扶大腿。在水面上吸气后,低头将脸浸入水中，闭气片刻，然后开始均匀缓慢地呼气，并向上抬头，当口露出水面时，不停顿地迅速将气吐尽，紧接着快速吸气。连续练习，体会“快吸—稍闭—慢呼—猛吐”的要领。开始时可慢速进行，而后适当加快速度，做到连贯而有节奏。每组10~20次呼吸，或连续1分钟，反复练习直至动作基本准确。

(3)呼吸的常见错误及纠正方法。

①“假呼吸”。

呼气不尽，吸气不深，大部分空气只是在口腔和气管之间流动，没有真正进入肺部实现气体交换，所以总感觉憋得难受。纠正时应强调“呼尽气”。

②“憋一下”。

气呼完后没有紧接着快速吸气，而是先憋了一下，再吸气。在游泳中若这么憋一下，身体会因来不及吸气而沉入水中。纠正时应强调“呼完紧接着吸气”。

③“含水”。

吸气后口没有合拢，在水下口张开向外呼气，结果口内总是充满水，无法充分换气，还容易发生呛水。纠正时应强调“吸气后口合拢”。

④“抽吸”。

吸气时口缩得很小往里抽气，好像是通过一根细管来吸气。这种方法吸气慢，来不及完成换气。纠正时应强调“张大口用力快吸气”。

3.浮体。

要学会游泳，身体必须要能漂浮起来，并能从漂浮状态平稳地站立起来。通过浮体练习，可以进一步熟悉水性，体会水的浮力，适应身体的悬浮姿势，初步掌握在水中控制身体平衡的能力。

(1)浮体的基本要求。

在做浮体练习前，应先学习漂浮后的站立方法，以保证练习的安全。

要使身体漂浮起来，首先要吸足气，使人体像一个充满气的皮球浮在水面上。吸气不足则胸腔没有充分扩张，无法使人体的平均密度变小，因而很难漂浮起来。同时，在漂浮过程中还要保持屏息。如果把气呼出，则人体平均密度变大，会沉入水中。

(2)练习方法。

①抱膝浮体。

在水中原地站立，深吸气后闭气，缓慢下蹲，低头屈腿抱膝团身，双膝尽量贴近胸部，前脚掌轻蹬池底，身体就会自然漂浮至水面。站立时，两臂前伸下压，抬头，同时两腿下伸，两臂在体侧轻轻拨水维持身体平衡。

②展体浮体。

两脚开立站于水中，略下蹲，两臂放松自然前伸。深吸气后闭气，身体前倒并低头，两脚轻轻蹬池底后，上摆，自然伸直稍分开，身体成俯卧姿势漂浮于水面。站立时，先收腹屈腿屈膝，然后两臂下压，抬头，同时两腿下伸，脚触池底站稳，两臂在体侧轻轻拨水维持身体平衡。

4.滑行。

滑行训练是熟悉水性阶段的重点，它可以帮助初学者掌握在漂浮状态下维持身体平衡的能力，体会游泳的基本身体姿势，为学习各泳式技术做好准备。

(1)滑行的基本要求。

滑行应力求熟练，做到既滑得远，又滑得稳。滑行中，要注意保持流线型的身体姿势，腰、腹部肌肉要适度紧张，臂、腿伸直并拢，头夹在两臂之间，使身体伸展成一条线，以减少滑行阻力。不要过分抬头或低头，不要屈髋、屈膝或勾脚尖。

滑行时，要尽量延长闭气时间，努力增长滑行距离。

(2)练习方法。

①蹬底滑行。

两腿并拢站立在水中，两臂前伸并拢。深吸气后上体前倾，一腿向前迈出，略屈膝下蹲。头和肩浸入水中后，两脚掌依次用力蹬池底，两腿随即伸直上浮并拢，身体成流线型贴近水面向前滑行。

②蹬壁滑行Ⅰ。(同时提腿)

两腿并拢，背对池壁站立在水中，两臂并拢前伸。深吸气后闭气低头，上体前倾成俯卧姿势浸入水中，头夹在两臂之间。同时，两脚轻蹬池底，向上屈膝收腿，随即迅速将两脚掌贴在池壁接近水面处，并将臀部上提至水面处。两腿随即用力蹬壁，全身充分伸展成流线型贴近水面向前滑行。

③蹬壁滑行Ⅱ。(依次提腿)

背对池壁站立在水中，一臂前伸，另一手扶在池沿上。前伸臂一侧的腿站立在池底，扶边臂一侧的腿屈膝上提，使脚掌贴在池壁接近水面处。深吸气后闭气低头，上体前倒成俯卧姿势浸入水中。此时，支撑腿迅速屈膝上提，将脚贴在池壁上，臀部尽量提高开近池壁。扶边之手随即松开，臂迅速前伸与另一臂并拢，头夹在两臂中间。两腿接着同时用力蹬壁，全身充分伸展成流线型贴近水面向前滑行。

(3)滑行的常见错误及纠正方法。

①“漂离池壁”。

蹬壁滑行开始时，如果身体过于前扑，腿收不紧，脚蹬不上池壁，或是单、双腿过早蹬伸，都会使身体漂离池壁，造成蹬不到壁或滑行不远。纠正时应强调上体前倾、低头入水是在原位做翻转动作，腿要收紧，全身像一个被压紧的弹簧紧贴在池壁上。

②“向上窜”。

蹬壁滑行开始时，如果上体没有前倒入水，脚贴壁的位置太低，臀部提不高，就会造成蹬腿时身体向前上方跃出水面。纠正时应该强调“上体前倒至水中，臀部提高到水面”。

第二节 游泳姿势的技术分析与学法

一、蛙泳技术分析、学习步骤

(一)蛙泳技术分析

1.身体姿势。

蛙泳的身体姿势不是一成不变的,它是随着蛙泳完整动作的周期性变化而变化的。在一个动作周期中两臂前伸、两腿向后蹬直并拢时,身体几乎是水平地俯卧于水中,头部夹在两臂之间,两眼注视前方,腹部与大、小腿位于同一水平面上,臀部接近水平面,身体纵轴与水平面成5°~10°角。这种身体姿势,要求胸部自然伸展,稍收腹,微塌腰,两腿并拢,脚尖伸直,两臂并拢尽量前伸,全身拉伸成一条直线。

蛙泳时,身体在游进过程中会按一定的节奏上下起伏。在划水和抬头吸气时,上体会向前上方抬起,肩和背部的一部分上升露出水面,此时躯干与水平面的角度较大。当两臂前伸、两腿向后蹬夹时,随着低头的动作,肩部又浸入水中,身体恢复比较平直的流线型姿势向前滑行。①

2.腿部动作。

蛙泳的腿部动作是保持身体平衡、推动身体前进的一个重要因素。尽管现代蛙泳技术强调以臂为主,但腿部动作的作用也不容忽视。对于初学者更要强调掌握好腿部技术。蛙泳的腿部技术可以分为收腿、翻脚、蹬夹、滑行四个紧密相连的动作环节。

(1)收腿。

收腿是翻脚、蹬夹的准备动作,是从身体伸直成流线型向前滑行的姿势开始的。收腿时,腿部肌肉略放松,大腿自然下沉,两膝开始弯曲并逐渐分开,小腿和脚跟在大腿后面向前运动。收腿时,踝关节放松,脚底基本朝上,脚跟向上、向前移动,向臀部靠拢,两腿边收边分开。两小腿和两脚在前收的过程中要落在大腿的投影截面内,以避开迎面水流,减小收腿的阻力。收腿动作应柔和,不宜用力。在收腿的过程中臀部略下降。收腿结束时,两膝内侧的距离约同肩宽,大腿与躯干成130°~140°角,大、小腿折叠紧,小腿与水面接近成

①梅雪雄.游泳(第三版)[M].北京:高等教育出版社,2007:109.

80°角，为翻脚和蹬夹做好准备。

(2)翻脚。

翻脚动作的目的在于使腿在蹬夹时有一个良好的对水面。在蛙泳技术中，翻脚动作很重要，翻脚的好坏直接影响到蹬夹的效果。

当收腿使脚跟接近臀部时，大腿内旋，两膝稍内扣，小腿向外张开，两脚背屈使脚掌勾紧向外翻开，脚尖转向两侧，使小腿和脚的内侧面向后，形成良好的对水面，为蹬夹动作做好准备。

(3)蹬夹。

蹬夹实际上是腿伸直的过程(屈髋、伸膝)，由腰、腹和大腿同时发力，用小腿和脚内侧同时蹬夹水，先是向外、向后、向下，然后是向内、向上蹬水，就像画半个圆圈。向外蹬水和向内夹水是连续完成的，也就是连蹬带夹。蹬夹水完成时双腿并拢伸直，双脚内转，脚尖相对。蹬水的速度不要过猛，要由慢到快地加速蹬水，两条腿将近伸直并拢的时候蹬水速度最快。

蹬夹的先后顺序为：先伸髋关节，再伸膝关节，最后伸踝关节，直至两腿伸直并拢。蹬夹时，主要是大腿向后运动，膝关节不宜过早伸展，以使小腿尽量保持垂直对水的有利姿势，避免小腿向下打的错误。在蹬夹过程中脚应该保持勾脚外翻姿势，在蹬夹将近结束时，脚才外旋伸直，完成最后的鞭水动作。如果先伸踝关节，则会破坏翻脚所形成的良好对水面，出现脚尖蹬水的错误。

(4)滑行。

蹬夹结束后，脚处于较低的位置，脚趾离水面为30~40厘米。此时两腿伸直并拢。腰、腹、臀及腿部的肌肉保持适度紧张，使身体成流线型向前滑行，准备下一个腿部动作周期。在滑行中，要使两腿保持较高的位置，以减少水的阻力。

3.臂部动作。

蛙泳的手臂动作是推动身体向前的重要因素，现代蛙泳尤其重视发挥手臂划水的作用。蛙泳时，整个手臂动作都是在水下完成的，对于游泳者来说，手的划水路线近乎在画两个相对的“桃心形”。可分为外划、下划、内划、前伸四个阶段。

(1)外划。

外划是从两臂前伸并拢、掌心向下滑行的姿势开始的，外划时两臂内旋，两掌心转向外斜下方，略屈腕，两臂向外横向滑动至两手间距离约为肩宽两倍处，手掌倾斜大约45°（小拇指朝上）。

（2）下划。

手臂在继续外划的同时，前臂稍外旋，肘关节开始弯曲，转腕使掌心转为朝后下方，以肘关节为轴，手和前臂加速向下、向后划动。在下划的过程中，手和前臂的运动速度快，幅度大，而上臂的移动不多，前臂与上臂之间的夹角迅速减小，下划结束时，肘关节明显高于手和前臂。手和前臂接近垂直游进方向，肘屈成130°角。

（3）内划。

内划是手臂划水产生推力的主要阶段。随着下划的结束，掌心由外转向内，手带动小臂加速内划，屈肘程度进一步加大，肘关节也同时向下、向后、向内收夹至胸部侧下方，两手划至胸前时几乎靠在一起。

（4）前伸。

当内划接近结束时，双手在继续向内、向上划动的过程中逐渐转为向上、向前弧形运动至下颚。此时，双手靠拢，掌心逐渐转向下，手指朝前。然后，肘关节不停顿地沿平滑的弧线前移，推动双手接近水面快速向前伸出，同时迅速低头，将头夹于两臂之间。伸臂动作完成时，两臂伸直并拢，充分伸肩，两手掌心向下，身体成流线型向前滑行。

4.完整配合动作。

蛙泳时手臂和腿部交替做动作推动身体前进，其配合技术比较复杂，是学习的一个难点。配合不协调，会直接影响手臂、腿部的动作效果和游进速度的均匀性。正常蛙泳一般采用1:1:1的配合技术，即在一个完整的动作周期中，蹬夹一次，划臂一次，呼吸一次。配合游时应在充分发挥手臂、腿部力量的基础上，努力做到协调、连贯、有节奏，尽量保持匀速前进。

（1）呼吸与手臂的配合。

蛙泳的呼吸是和手臂的划水动作紧紧结合在一起的，主要有“早吸气”和“晚吸气”两种类型。

①“早吸气”配合技术。两臂开始外划时，颈后肌收缩，开始向上抬头，下颌前伸，使口露出水面将气吐尽；在两臂下划和内划的过程中吸气；两臂前伸时低头闭气；滑行时在水中呼气。这种呼吸方式利用了划水开始阶段手臂向外、向下划动所产生的向上的反作用

力，使头部比较容易抬出水面，整个呼气和吸气的时间较长，动作比较从容。早吸气配合技术比较适合于初学者采用。

②“晚吸气”配合技术。“晚吸气”配合技术没有明显的抬头和前伸下颌的动作。在两臂外划和下划时，身体仍保持较平直的流线型姿势；在两臂内划的过程中，随着头、肩的上升，口露出水面将气吐尽；内划结束后，头、肩向前上方升至最高位置时快速吸气；两臂前伸时，迅速低头闭气；滑行时，在水中呼气。这种呼吸方式有利于减小水的阻力，同时有利于更好地发挥手臂划水的力量，动作紧凑连贯，前进速度均匀。运动水平较高者一般都采用“晚吸气”配合技术。但“晚吸气”配合技术的吸气时间较短，初学者不容易掌握。

(2)臂与腿的配合。

蛙泳臂和腿的配合是一种交替进行、稍有重叠的技术。两臂外划和下划时，两腿保持稍紧张的伸直姿势；两臂内划时，两腿放松，两膝下沉，开始收腿；两臂开始前伸时，迅速完成收腿并做好翻脚动作；两臂接近伸直时，开始向后快速蹬夹；蹬夹结束后，全身伸直成流线型向前滑行。[①]

(二)蛙泳学习步骤

1.第一课时。

学习内容：适应性练习，呼吸练习，漂浮练习。

(1)适应性练习的练习方法。

①扶边行走：手扶池边向前、后、左、右行走。

②拉手行走：集体拉手向前、后、两侧行走。

③在水中比赛走、跑或进行其他相关游戏。

④手扶池壁跳跃。

⑤单独进行各种方向的走、跑、跳练习。

(2)呼吸的练习方法。

①闭气练习。手扶池边或拉同伴的手，在水面用口深吸气后闭气，下蹲并将脸没入水中，停留片刻，脸部出水，逐渐延长在水下的时间。如图3-2-1。

①梅雪雄.游泳(第三版)[M].北京：高等教育出版社，2007：115.

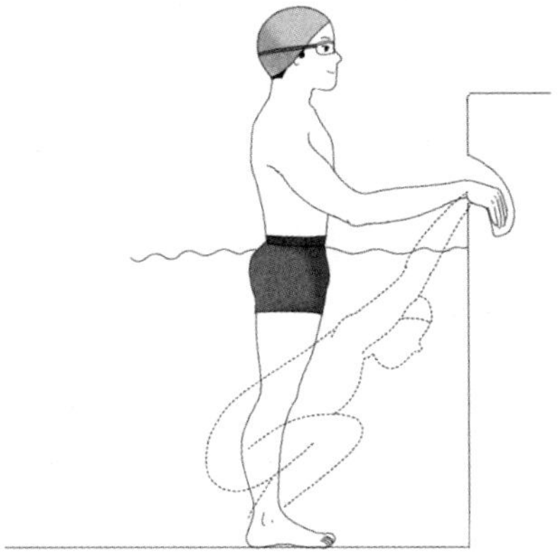

图3-2-1

②呼气练习。同上练习，头部没水，稍闭气后用口、鼻同时缓慢、均匀地呼气，呼气的后段应边呼气边抬头，当口将出水面时应用力将气呼完。如图3-2-2。

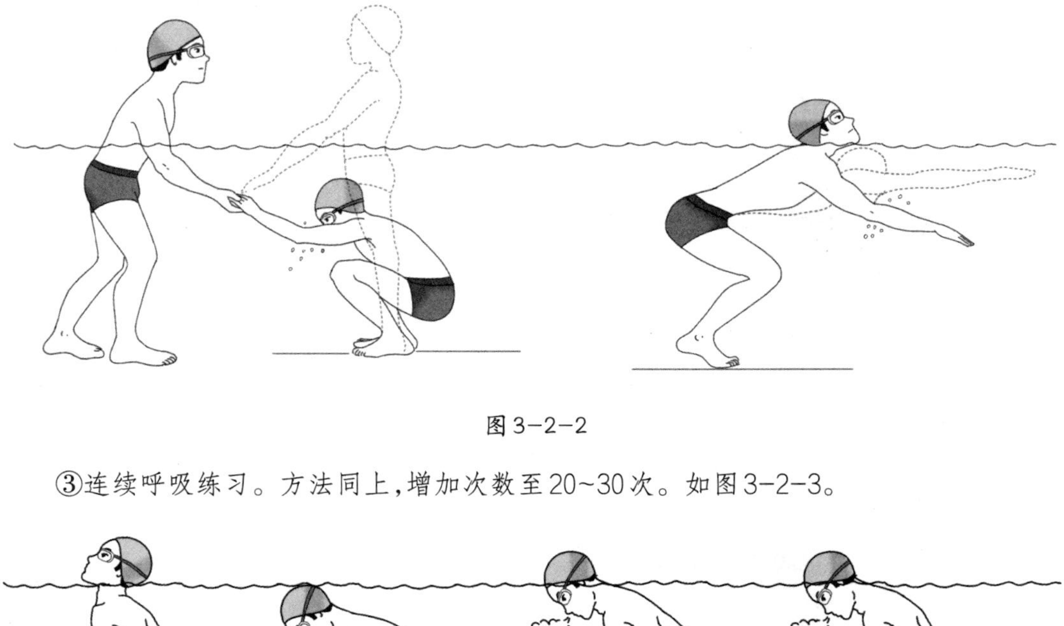

图3-2-2

③连续呼吸练习。方法同上，增加次数至20~30次。如图3-2-3。

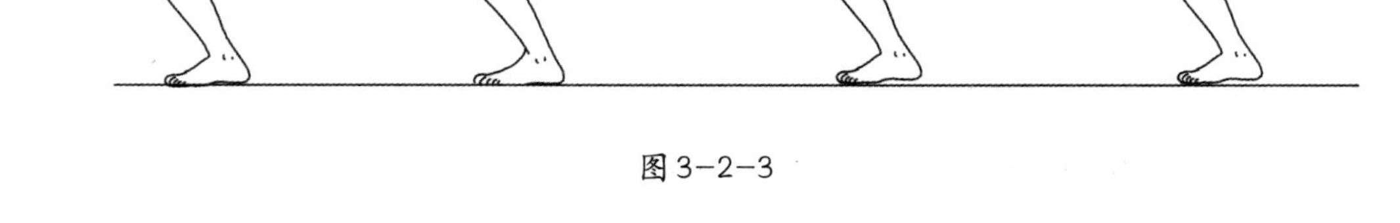

图3-2-3

注意：第一，呼吸练习对于初学游泳者尤其重要，应从第一次课抓起，并贯穿学习的始终；第二，强调用口呼吸。

(3)学习漂浮站立和滑行的练习方法。

①抱膝浮体。并腿站立，深吸气后，低头含胸，同时两脚轻蹬池底，提膝、收腹、团身、抱腿，成抱膝姿势自然漂浮于水中，站立时，两手松开，两臂前伸。手掌向下压水并抬头，同时两腿下伸，脚触池底后站立，两臂在体侧拨水维持身体平衡。如图3-2-4。

图3-2-4

②站立浮体。两脚站立，两臂放松前伸，深吸气后，身体前倾并低头，屈膝下蹲，两脚轻蹬池底，两腿放松上浮，成俯卧展体姿势漂浮于水中，站立时的动作规范同上。如图3-2-5。

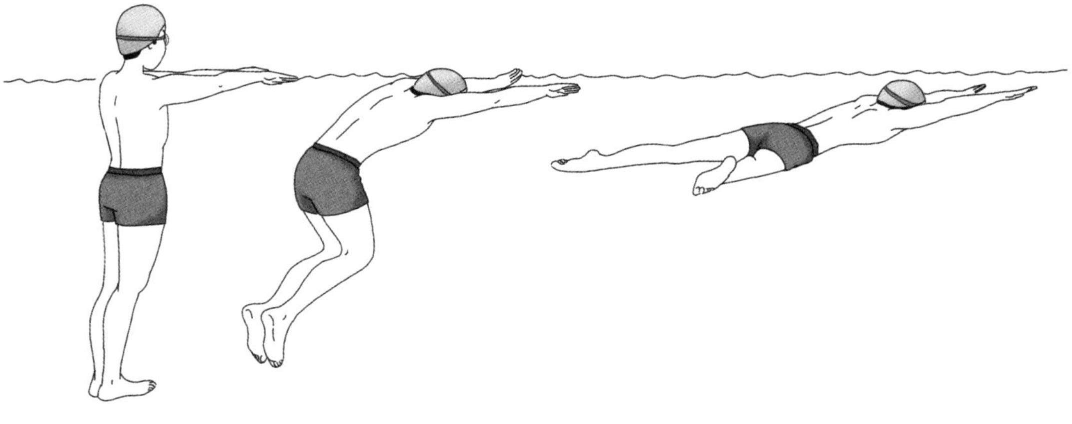

图3-2-5

③水中滑行。两人一组手拉手，一人蹬池底滑行，另一人保护；单人蹬壁滑行，滑行结束做站立浮体动作。

2.第二课时。

学习内容:复习呼吸和漂浮动作,学习蛙泳的腿部动作。

蛙泳腿部技术口诀:边收边分慢收腿,向外翻脚对准水,用力向后蹬夹水,并拢伸直漂一会儿。

(1)陆上模仿练习。

①跪撑翻脚压腿。两腿分开,两脚勾脚外翻,小腿和脚内侧着地,跪在地上,两手侧后撑,缓慢向下振压,此练习可以让学习者既体会翻脚动作,又增加膝、踝关节的柔韧性。一般压3~5分钟,做动作要循序渐进,小心受伤。如图3-2-6。

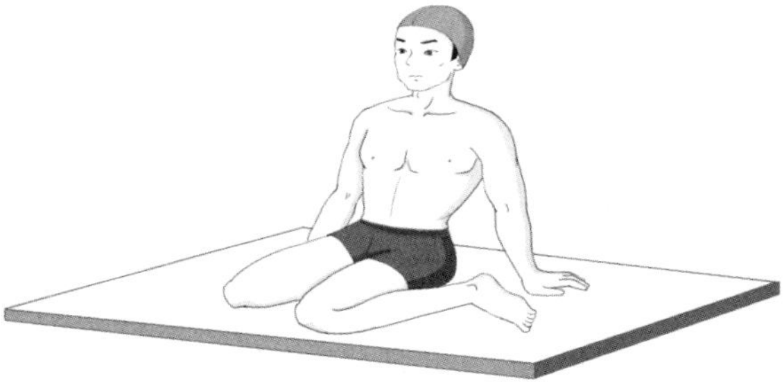

图3-2-6

②坐撑模仿。坐于池边或凳子上,两手侧后撑,上体后仰,模仿蛙泳腿部动作。练习时,先按“收”“翻”“蹬夹”“漂”四拍进行分解动作练习,再过渡到“收—翻”“蹬—漂”两拍练习。练习中,应边做边看自己的动作是否符合动作要领,尤其是应注意正确的翻脚动作和蹬夹动作的衔接。一般每次做30~50次。如图3-2-7。

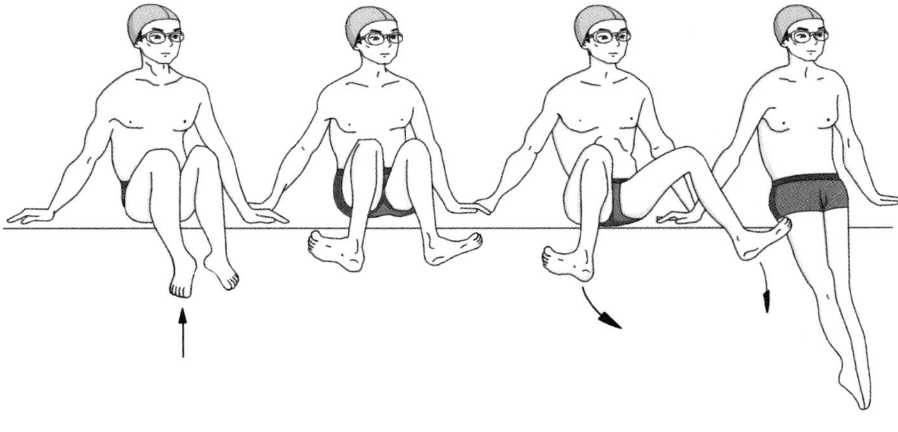

图3-2-7

③俯卧模仿。俯卧在凳子上或出发台上,模仿蛙泳腿部动作。可先由同伴帮助进行练习,对动作有体会后,再独立进行练习。练习时可先进行分解动作练习,再逐步过渡至完整动作练习,练习中注意收腿时髋、膝的弯曲程度和蹬腿的方向、路线。如图3-2-8。

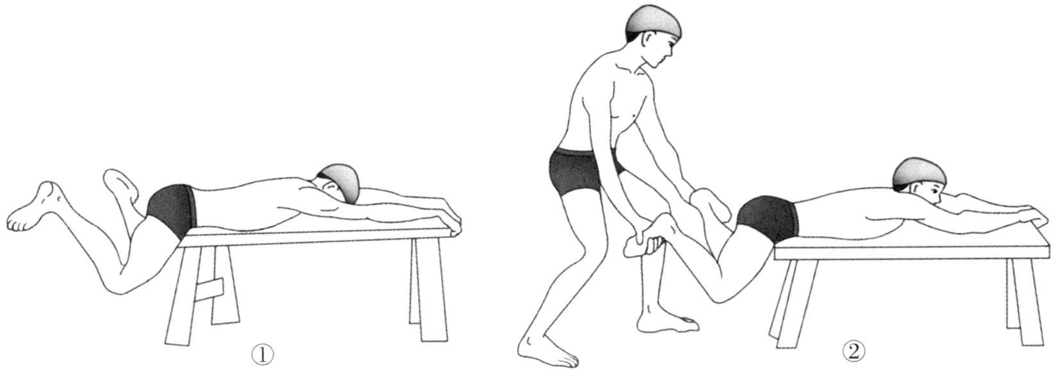

图3-2-8

④半陆半水模仿练习。俯卧于池边,下肢置于水中,模仿蛙泳腿部动作。练习时体会做收腿和蹬夹水动作时水的阻力,增强动作实感。如图3-2-9。

图3-2-9

学习重点:勾、绷脚动作的转换。

学习难点:在不可视条件下,不易把握勾、绷脚的感觉。

易犯错误:只收小腿不翻脚,或只勾脚趾不勾脚。

解决方法:做好勾脚动作后稍停,用语言提示学生记住肌肉用力的感觉。

(2)水中练习。

①趴池沿蹬腿。趴在游泳池沿,腿浸入水中,做蛙泳腿的收、翻、蹬夹动作。

②扶边蹬腿。一手抓池边,另一手反撑池壁俯卧水中,做模仿蛙泳腿部动作练习,可先在同伴的帮助下进行练习,对动作有一定体会后,再独立进行练习。如图3-2-10。

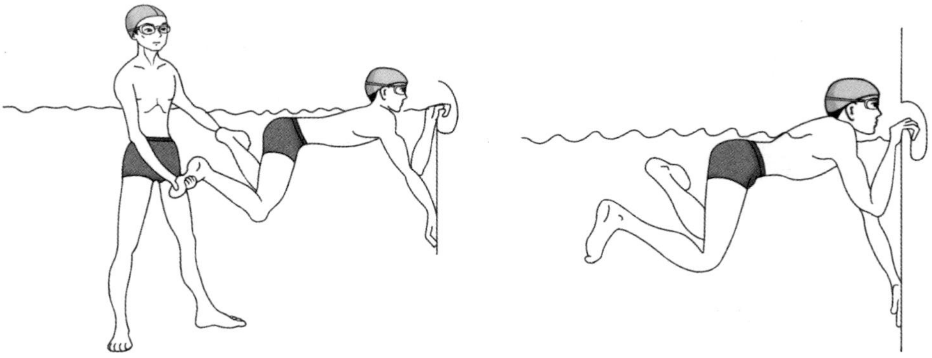

图3-2-10

③站立蹬腿。手扶池壁，水中一腿支撑，另一腿做蛙泳腿的收、翻、蹬夹动作。注意蹬夹时大腿内旋，膝内扣，大腿先下压，带动小腿和脚沿下弧线蹬夹水。这一练习有助于体会蹬夹时水对小腿和脚的阻力。如图3-2-11。

④滑行蹬腿。蹬壁滑行后继续低头闭气，做蛙泳腿部动作向前游进，体会连贯的收、翻、蹬夹和滑行的动作。要强调蹬夹后的滑行，可以采用规定距离计动作次数的方法来检验蹬夹的效果。如图3-2-12。

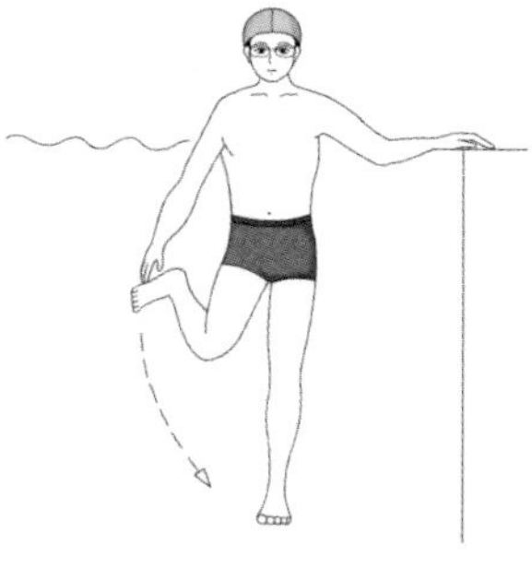

图3-2-11

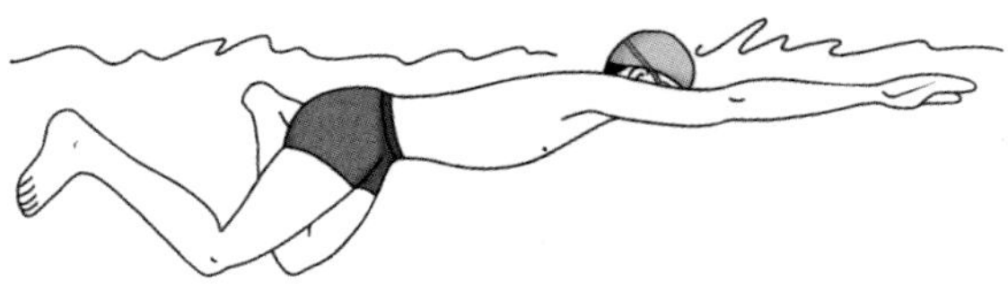

图3-2-12

⑤扶板蹬腿。两臂前伸，两手扶浮板中后部，俯卧于水中，两脚做蛙泳腿部动作练习，练习时先注意蹬腿方向（向后），后强调蹬腿节奏（慢收、快蹬），掌握后可配合呼吸练习。如图3-2-13。

⑥脚触手蹬腿。俯卧在水中，低头闭气，两臂夹于体侧，做蛙泳腿部动作向前游进。要求收腿时两脚跟触到两手后再做翻脚和蹬夹动作。这一练习可以帮助体会收腿时脚跟尽量靠近臀部的动作，有利于加长蹬夹路线，增强蹬夹效果。如图3-2-14。

图3-2-13

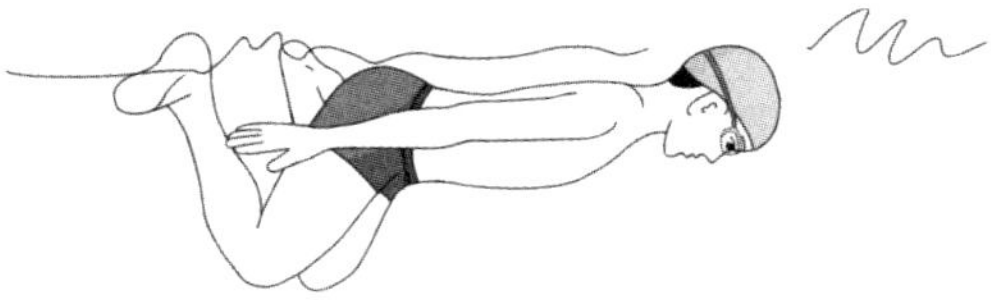

图3-2-14

⑦助力蹬腿。俯卧在水中,两手握同伴两手,并在同伴牵引下进行蛙泳腿部动作练习,练习时助力者应视练习者的掌握情况逐渐减小助力。如图3-2-15。

图3-2-15

学习重点:动作节奏与用力方法。

学习难点:身体姿势的保持。

易犯错误:翘臀及蹬夹分离。

解决方法:翘臀主要是由于大腿收得太多、过猛,收小腿的幅度小。教师可以通过语言提示学生展髋、收小腿,脚后跟沿水面向臀部收,或在陆上对学习者进行辅助纠正。蹬夹分离可采用陆上站立式蛙泳腿部动作模仿练习纠正。

3.第三课时。

学习内容:复习蛙泳腿部动作,学习呼吸与腿部动作的配合。

(1)陆上模仿练习。

①练习巩固蛙泳腿部动作技术。要求练习者坐地练习,根据教师的口令进行练习,以便巩固蛙泳腿部动作技术并明确动作要领。

②练习呼吸技术。练习者并排直立进行呼吸练习巩固。要做到"嘴呼—嘴吸",可适当闭气10~20 s。教师适时检查练习者的完成情况。

③蛙泳腿部动作与呼吸配合练习。开始采用3次蹬腿1次呼吸,待学习者熟练后再采用1次蹬腿1次呼吸的方式进行练习。呼吸时一定要注意用“嘴吸—嘴呼”的方式进行。呼吸应先于腿的动作。

(2)水中练习。

①水中固定支撑练习。

水中趴水线完整练习。身体俯卧于水线上,腹部与水线接触,进行完整配合练习。如图3-2-16。

②水中无固定支撑练习。

手持浮板做蛙泳腿部动作与呼吸配合练习。手持浮板,练习腿部动作和呼吸的配合。抬头吸气收腿,埋头先闭气再蹬腿。如图3-2-17。

图3-2-16

图3-2-17

③a.蹬池边闭气滑行。吸气埋头,双脚蹬池边向前滑行,身体成流线型。

b.完整配合。滑行后,做完整配合练习;练习时,手持浮板可先做多次蹬腿、一次呼吸的配合,再逐渐过渡至蹬腿一次、呼吸一次的配合。完整配合时,开始滑行时间可稍长,然后再逐步减少滑行时间。

c.加大练习量。反复从池边出发进行短距离练习,熟悉动作。

学习重点:腿部动作与呼吸的配合时机。

学习难点:收腿配合的准确时机。

易犯错误:收大腿。

解决方法:强化动作概念,做准确的示范,让学生亲身感受。

4.第四课时。

学习内容:巩固练习前三节课的内容,使学生能做到呼吸与腿部动作的完整配合。

5.第五课时。

学习内容:学习蛙泳的手部动作及臂与呼吸的配合。

蛙泳臂部动作技术口诀:向外向下再向内,屈臂高肘加速划,两手颌下转向前,伸直并拢稍停顿。①

蛙泳臂部动作与呼吸配合技术口诀:外划抬头吸气,前伸低头闭气,滑行均匀呼气。

(1)陆上模仿划臂练习。

两脚开立,上体稍前倾,模仿蛙泳两臂划水的动作,着重体会“桃心形”划水路线和屈臂高肘技术。要求划臂过程圆滑,前伸后稍停,然后再开始下一个动作。如图3-2-18。

(2)水中练习。

①原地划臂。两脚开立站在齐胸深的水中,上体略前倾,做蛙泳两臂划水的动作,体会屈臂高肘技术和“桃心形”划水路线。要求动作连贯自然,两臂前伸并拢后稍停。动作基本正确后再配上呼吸。如图3-2-19。

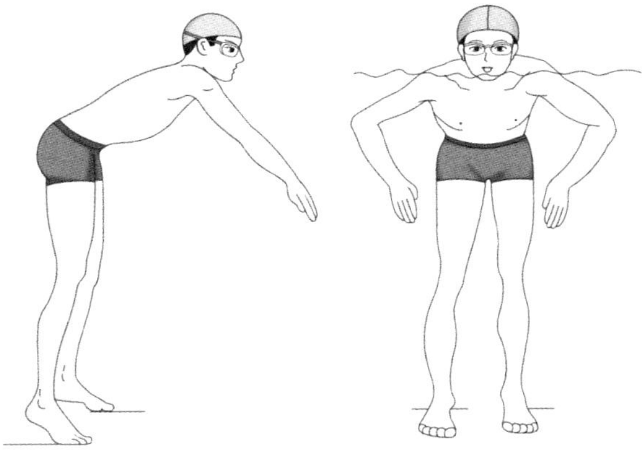

图3-2-18　　图3-2-19

②行进划臂。在齐胸深的水中,上体略前倾,做蛙泳两臂划水和呼吸的配合动作,借助划水所产生的反作用力向前行进。如图3-2-20。

①梅雪雄.游泳(第三版)[M].北京:高等教育出版社,2007:119.

图 3-2-20

③托扶划臂。两人一组，帮助者站在侧面拖住练习者的髋部，练习者俯卧于水中，做蛙泳两臂划水和呼吸的配合动作。注意在两臂外划的过程中借助水的反作用力顺势抬头，两臂下划和内划时快速吸气，两臂前伸时低头闭气，两臂前伸后再均匀缓慢地呼气。如图 3-2-21。

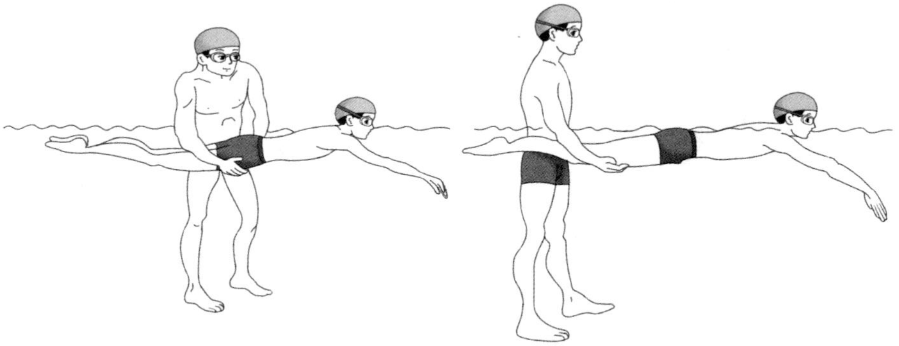

图 3-2-21

④夹板划臂。俯卧于水中，大腿夹浮板使下肢上浮，做蛙泳的两臂划水动作向前游进，体会划水时身体被拉引向前的感觉。要求由慢到快加速划水，每次划水后手臂前伸并拢滑行，待身体稳定后再开始下一次划水动作。先闭气练习，动作基本正确后再配上呼吸。如图 3-2-22。

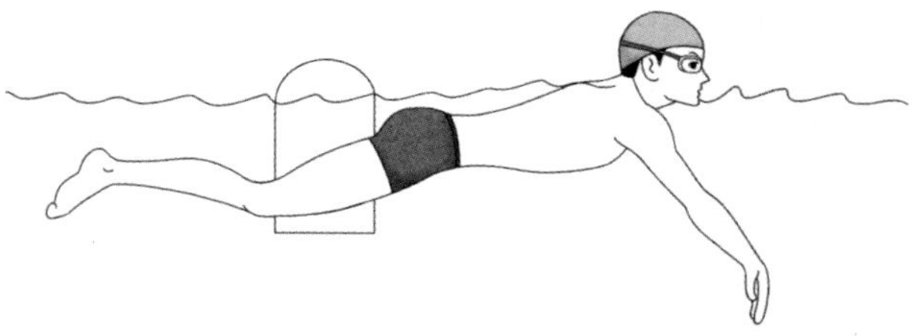

图 3-2-22

学习重点:划水动作的方向和幅度。

学习难点:呼吸与划水的配合。

易犯错误:初学者划水容易犯的错误是两臂划水过长,呼吸配合时机错误,塌肘。呼吸时常常双手划到肩的部位才抬头,没有了支撑,头抬不起来,所以就吸不到气。

解决方法:手把手纠正错误动作,或分组互相纠正错误。采用早换气的方法,强调抬头、划手要同步,手一动就抬头。

6.第六课时。

学习内容:学习蛙泳的完整配合动作,能尽快增加游距。

(1)陆上模仿练习。

①原地模仿臂、腿配合。陆上原地站立,两臂上举并拢,掌心向前。按四拍做两臂和单腿配合的蛙泳模仿动作:a.双手合十准备,划手抬头吸气,双腿并拢,脚尖绷直;b.划手完毕夹臂双手合十立于胸前,同时收腿勾脚,埋头呼气;c.送手埋头,蹬腿并拢,脚尖绷直;d.腿向下弧形蹬夹,还原成预备姿势。如图3-2-23。

图3-2-23

②俯卧模仿臂、腿配合。俯卧于出发台或凳子上,模仿蛙泳的臂、腿配合动作,练习步骤同上。练习时支撑物应置于腹部之下,不要影响臂、腿的动作。如图3-2-24。

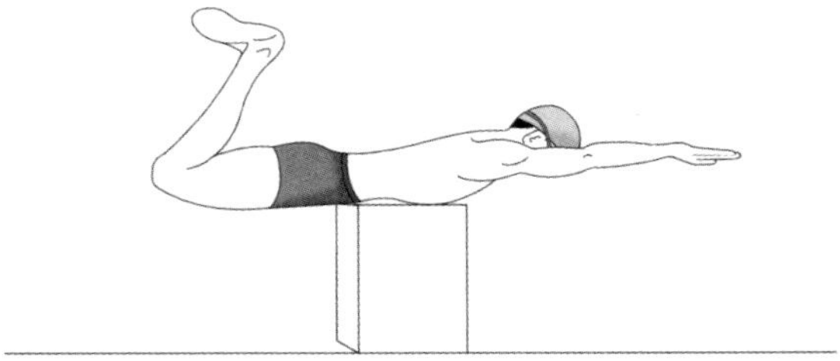

图3-2-24

③站立模仿完整练习。做陆上模仿练习的动作,并配合呼吸。

④俯卧模仿完整练习。做陆上模仿练习的动作,并配合呼吸。

(2)水中练习。

①臂、腿分解配合游。蹬壁滑行后继续低头闭气,做蛙泳臂、腿分开的动作向前游进。两臂做一次划水动作前伸并拢后,两腿再做一次收、翻、蹬夹动作,臂、腿动作交替进行,建立先伸臂再蹬夹的动作概念。如图3-2-25。

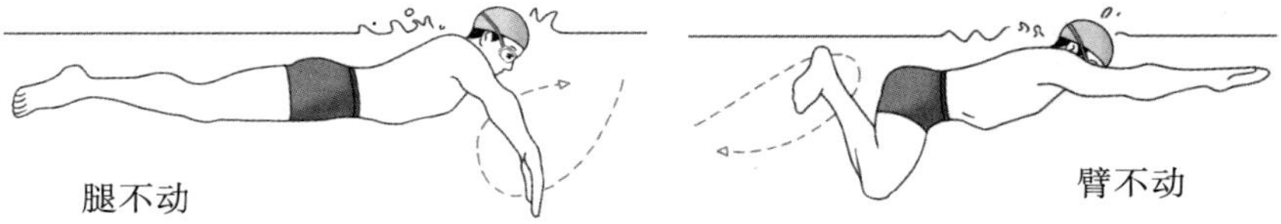

图3-2-25

②多次蹬腿、一次划臂配合游。蹬壁滑行后继续低头闭气,两臂前伸并拢,连续蹬两次(或三次)腿后,加上一次划臂动作。

③臂、腿连贯配合游。蹬壁滑行后继续低头闭气,做臂、腿连贯配合的蛙泳动作向前游进,着重体会臂、腿动作配合的正确时机。

学习重点:臂、腿动作与呼吸的配合时机。

学习难点:收腿配合的准确时机。

易犯错误:臂、腿同时收,同时伸出。

解决方法:强化动作概念,可通过口诀帮助学生进行练习。

④完整配合游。在臂、腿连贯配合游的基础上,加上抬头吸气的动作,形成完整配合技术。注意划水动作不要太快,抬头动作不要太猛。可先练臂、腿配合两次,呼吸一次的动作,然后过渡到臂、腿配合一次,呼吸一次的正常蛙泳。在动作基本正确的基础上,逐渐增长游距,在反复的练习中不断改进动作,力求做到熟练、放松。

⑤长滑行配合游。进行蛙泳完整配合游每个动作后，臂、腿保持并拢伸直，身体尽量成流线型向前滑行。可计算游完固定距离所用的动作次数，以此检验动作效果。

⑥晚吸气配合游。进行蛙泳完整配合游采用“晚吸气”配合技术，划水时适当拉高身体，两臂前伸时迅速低头前冲，逐渐提高游进速度。

学习重点：臂、腿动作与呼吸配合。

学习难点：身体姿势的保持。

易犯错误：臂、腿完成动作后没有停顿，呼吸节奏紊乱。

解决方法：用口令控制动作节奏，或双人互相纠正错误。

二、自由泳技术分析、学习步骤

(一)自由泳技术分析

1.身体姿势。

在动作周期中身体保持很好的水平直线性和侧向直线性能减小阻力。在吸气时、手臂在身体下方划水时和移臂时容易破坏身体的直线性。

(1)水平直线性。

游自由泳时脸应该位于水中，吃水线应该在发际线和头顶之间。吸气时头应该转动，而不能抬起。下颌略向上，使眼睛看前下方。不能为片面追求较高的身体位置而过度弓背。打腿幅度要适宜，上打时脚基本不出水面，下打时脚只略低于躯干下沿。

(2)侧向直线性。

游自由泳时应该在水中保持良好的侧向直线性，即不管身体向哪一侧滚动，都可以从颈部到髋部在躯干中间画一条直线。良好侧向直线性的保持，主要依靠身体从一侧向另一侧的滚动，身体的滚动与手臂和肩部的动作应协调配合。

(3)呼吸。

头的运动应与身体的滚动协调配合，减轻抬头吸气的趋势。当一臂正在完成上划动作时，脸向同侧转动，身体的滚动可以使头轻易地露出水面吸气，避免头部转动过多。吸气应该在移臂的前半段完成，后半段脸部应该还原至水中。脸部的还原也应该与身体向另一侧的滚动配合起来，这样可以使划水的最有力阶段——上划阶段，保持最好的身体直线性。

吸气后应该立即呼气，但要控制呼气的节奏，以免在下一次吸气之前就把气呼完。呼气开始时的速度很慢，只有少量气体呼出，而且主要从鼻腔呼出，以减轻胸廓的压力。到下一次吸气之前呼气速度才开始加快，将剩余的气体迅速呼出，准备吸气。嘴露出水面时呼气动作应该完成，以便立即吸气。

2.腿部动作。

自由泳的打腿是两腿交替进行的，是以髋、膝、踝三个关节为支点的多关节运动，即以髋关节为轴，打腿发力，通过膝关节带动小腿和脚掌上下鞭状打水。踝关节的灵活性对打腿动作的实效有很大影响。打腿时，腿要稍内旋，踝关节要自然放松，脚掌伸直并略内旋，使脚背形成良好的对水面。

自由泳的打腿基本是在纵切面上绕髋部的横轴进行的，左右两腿的动作一样，由向上打水和向下打水两个阶段构成。

(1)向上打水。

向上打水开始时，大腿带动小腿和脚直膝上抬，踝关节略微用力使脚腕绷直。当脚跟抬到与臀部基本处于同一水平面时，打腿停止上移而转为开始向下运动，但小腿和脚由于惯性作用而继续上移。向上打水结束时，脚跟接近水面，与膝关节弯曲成160°角。

(2)向下打水。

随着屈髋程度的加大，大腿继续发力下压，带动小腿和脚掌向下打水，膝关节逐渐伸直。此时，水的阻力使脚背伸直，形成一个良好的对水面。当大腿下压至膝关节，略低于髋部时，即停止下移而转为上抬。此时股四头肌用力收缩，使膝关节迅速伸直，小腿和脚继续向下加速运动，完成最后的鞭打动作。向下打水结束时，脚尖离水面30~40厘米。接着大腿又带动小腿和脚直膝上抬，开始下一个打腿动作周期。

(3)打腿幅度。

打腿的幅度不能太大，也不能太小。比较适宜的幅度为30~40厘米。打腿时，大腿的上抬和下压应始终领先于小腿和脚的上抬和下打，这是做好鞭状动作的关键。无论是快打腿还是慢打腿，直腿上抬和屈膝下鞭的动作都要有鲜明的节奏。

(4)侧向打腿。

打腿是沿对角线方向进行的。侧向打腿可以协助完成身体的滚动，保持身体的稳定。随着身体滚动进行的侧向打腿能够促进身体的滚动，保持身体的直线性。

3.手臂动作。

自由泳的一个动作周期包括入水、抱水、划水、出水和空中移臂等五个阶段。

(1)入水。完成空中移臂后,手在控制下自然放松入水。手的入水点一般在身体纵轴和肩关节的前后延长线之间。入水时手指自然伸直并拢,手臂内旋使肘关节抬高处于最高点,手掌斜向外下方,使手指首先触水,然后是小臂触水,最后是大臂自然插入水中。

(2)抱水。臂入水后,在积极向下方插入的过程中,手掌从向斜外下方转向斜内后方并开始屈腕、屈肘,肘高于手,以便能迅速过渡到较好的划水位置。抱水结束,手掌已经接近对水面,肘关节屈至150°左右,整个手臂像抱着一个大圆球似地为划水做准备。

(3)划水。划水是发挥最大推进作用的主要阶段,其动作过程可分为拉水和推水两个部分。紧接抱水阶段进入拉水阶段,这时要保持抬肘,并使大臂内旋。同时继续屈肘,使手的动作迅速赶上身体的前进速度,能使拉水动作有合理的动作方向和路线,并使主要肌肉群在良好的工作条件下开始推水动作,拉水至肩的垂直平面后,即进入推水部分,这时肘的屈度约为100°。大臂保持内旋姿势,带动小臂,用力向后推水,同时使肩部后移,以加长有效的划水路线。向后推水有一个从屈臂到伸臂的加速过程,手掌从内向上,从下向上加速划至大腿旁。整个划水动作,手的轨迹始于肩前,继之到腹下,最后到大腿旁,呈"S"形。①

(4)出水。划水结束时,掌心转向大腿,出水时小指向上,手臂放松,微屈肘。由上臂带动,肘部向外上方提拉,带前臂和手出水面,掌心转向后上方。出水动作必须迅速而不停顿,同时应该柔和、放松。

(5)空中移臂。出水后不停顿地进入空中移臂,移臂时,肘高于手,两臂配合。自由泳时两臂划水发生的交叉位置有前交叉、中交叉和后交叉三种类型。前交叉是指一臂入水时,另一臂已前摆至肩前方与水平面成30°左右角。前交叉有利于初学者掌握自由泳动作和呼吸。中交叉是指一臂入水时,另一臂处在向内划水阶段,与水平面成90°角。后交叉是指一臂入水时,另一臂划至腹下,手与水平面成150°左右角。

(6)臂、腿部动作和呼吸配合技术。自由泳时,一般是在两臂各划水一次的过程中进行一次呼吸。以向右边吸气为例,右手入水后,口和鼻开始慢慢呼气,右臂划水至肩下,开始向右侧转头和增大呼气量,右臂推水即将结束,则用力呼气。右臂出水时,张口吸气,至

①温宇红.游泳教学和训练双语教材[M].北京:北京体育大学出版社,2009:25.

空中移臂的前半部分为止，并开始转头还原。然后，直至臂入水结束，有一个短暂的闭气过程，脸部转向前下。头部稳定时，右臂入水，再开始下一个慢慢呼气的过程。自由泳的呼吸与臂、腿部动作配合，初学者一般采用6:2:1的方法，即呼吸1次、臂划2次、腿打6次，这种配合方法易让初学者保持身体平衡和协调，从而掌握自由泳技术。

（二）自由泳学习步骤

1.第一课时。

学习内容：自由泳的打腿练习。

自由泳腿部动作技术口诀：大腿发力髋为轴，脚掌伸直稍内旋，两腿交替上下打，动作要快像甩鞭。

(1)陆上模仿动作。

①俯卧模仿打腿。俯卧在凳上、池边或出发台上，直腿模仿自由泳上下打水的动作，逐渐过渡到直腿上抬、屈膝下打的鞭状动作。如图3-2-26。

②仰坐模仿打腿。坐在池边，上体稍后仰，两手后撑，两腿前伸，两脚掌稍内旋，脚尖自然伸直，模仿自由泳的打腿动作。先直腿练习，然后膝关节放松，逐步过渡到鞭状打腿。如图3-2-27。

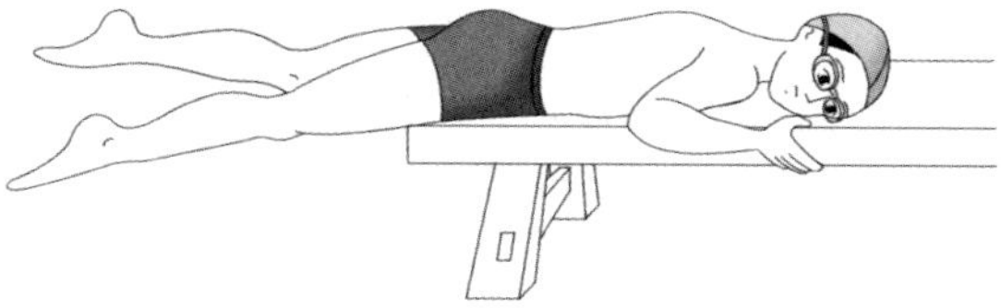

图3-2-26

图3-2-27

(2)水中练习。

①扶边自由打腿。一手抓住池边，前臂贴在池壁上，另一手指尖朝下在水下撑住池壁，身体成水平姿势俯卧于水中，可低头也可抬头，两腿伸直稍内旋，脚尖自然绷直，做直腿的快频率、小幅度上下打水动作，逐步过渡到直腿上抬、屈膝下打的鞭状打腿。反复练习，逐步延长每次练习的时间，使动作趋于熟练、放松、自如。如图3-2-28。

②蹬壁滑行打腿。蹬壁滑行后继续低头闭气，两臂前伸并拢，头夹在两臂之间，做两

腿上下交替的鞭状打水动作向前游进,逐渐延长打腿练习距离。如图3-2-29。

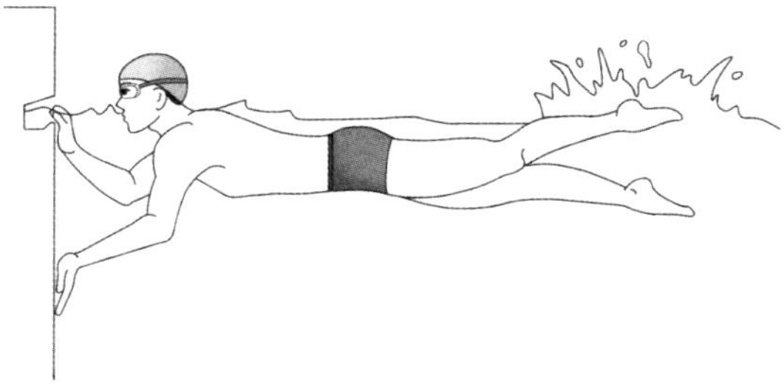

图3-2-28

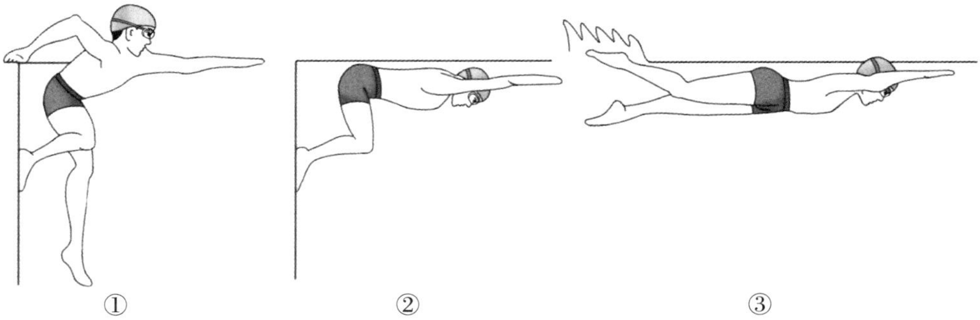

图3-2-29

③扶板打腿。身体成水平姿势俯卧于水中,两臂前伸,双手扶住浮板,略抬头,两腿做鞭状打水动作前进。逐渐延长打腿练习距离,不断提高打水实效。如图3-2-30。

图3-2-30

学习重点:打腿发力打水。

学习难点:腿部肌肉用力、放松的转换和踝关节的放松。

易犯错误:膝盖弯曲前后蹬水,或勾脚打水。

解决方法:要求学生注视自己的打腿动作,绷脚,脚趾向前,膝盖伸直。如果出现错误,教师及时提示纠正。

2.第二课时。

学习内容:复习上节课所学的内容,学习臂部技术动作。

自由泳臂部技术口诀:肩前拇指先入水,前伸下划抓住水,屈臂高肘拉推水,大腿旁边提出水,放松前移再入水,两臂交替须连贯。

(1)陆上模仿练习。

原地模仿划臂。原地站立,上体略前倾,一臂前伸不动,另一臂模仿自由泳的划水动作,初步体会动作后,左、右臂交换练习。然后,左、右臂轮流做划水动作,要求划水臂前伸与另一臂并拢后,再换另一臂划动。最后,两臂连贯交替做划水动作。如图3-2-31。最初练习时,可暂不强调动作细节,初步体会动作后,再强调屈臂高肘技术和“S”形划水路线。

(2)水中练习。

①原地划臂。水中原地站立,上体略前伸,一臂前伸不动,另一臂做自由泳的划水动作,注意体会屈臂高肘姿势和“S”形的划水路线。左、右臂轮换。接着,做两臂交替划水动作,要求一臂入水前伸后与另一臂并拢,稍停后,换另一臂划水。最后,做双臂连贯交替的划水动作,要求两肩绕身体纵轴适当转动。如图3-2-32。

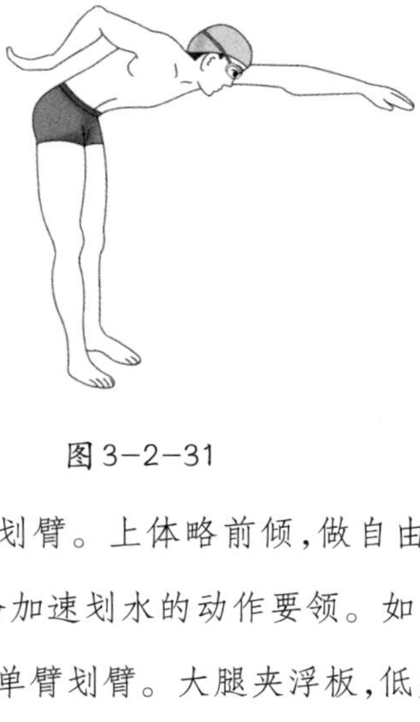

图3-2-31

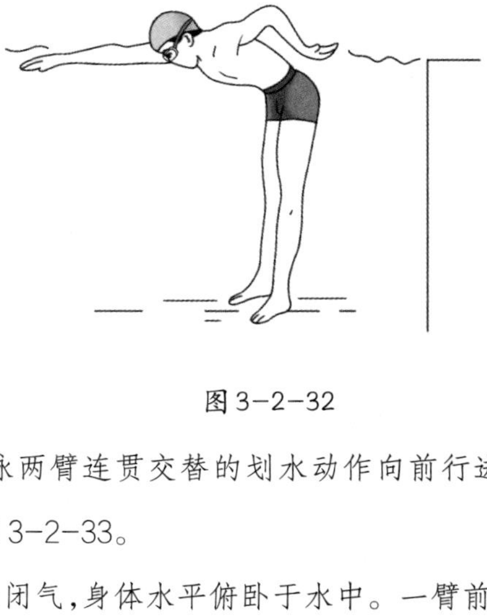

图3-2-32

②行进划臂。上体略前倾,做自由泳两臂连贯交替的划水动作向前行进。划水时适当用力,体会加速划水的动作要领。如图3-2-33。

③夹板单臂划臂。大腿夹浮板,低头闭气,身体水平俯卧于水中。一臂前伸不动,划水臂做2~3次划水动作后前伸,与另一臂并拢。然后再换另一臂划水。这一练习有助于学习者体会手臂前伸抓水的动作要领,改进屈臂高肘技术,增强划水效果。如图3-2-34。

图3-2-33

图3-2-34

④夹板交替划臂。大腿夹浮板，低头闭气，身体水平俯卧于水中，做自由泳两臂连贯交替的划水动作向前游进。可采用“前交叉”“中交叉”或“后交叉”技术进行练习。如图3-2-35。

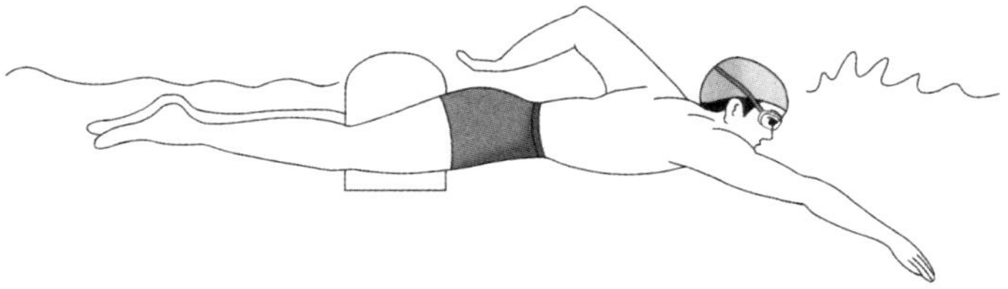
图3-2-35

学习重点：动作的幅度。

学习难点：身体的转动。

易犯错误：划水幅度小。

解决方法：强调大拇指碰到大腿后开始移臂。

3.第三课时。

学习内容：复习上节课所学内容，学习臂部动作与呼吸配合的技术。

自由泳臂部动作与呼吸配合技术口诀：身体绕着纵轴转，移臂入水稍闭气，边划边转慢呼气，提肘出水快吸气。

(1)陆上模仿练习。

原地模仿转头呼吸。两腿开立，上体前倾，两手扶膝(或一臂前伸，另一臂放在体侧)，做侧转头呼吸动作。要求在转头时张口快吸气，将头转正时稍闭气，然后慢慢呼气。转头吸气时眼看后上方，形同“咬肩”，注意不要向前抬头。如图3-2-36。

(2)水中练习。

①原地划臂配合呼吸。水中原地站立,上体前倾,一手扶池边,另一臂划水,做侧转头呼吸动作。要求头绕着身体的纵轴转动,转头时脸侧贴着水面,按"快吸—稍闭—慢呼—猛吐"的节奏反复进行练习。如图3-2-37。要领基本掌握后,做两臂交替划水动作,配合侧转头呼吸。[①]

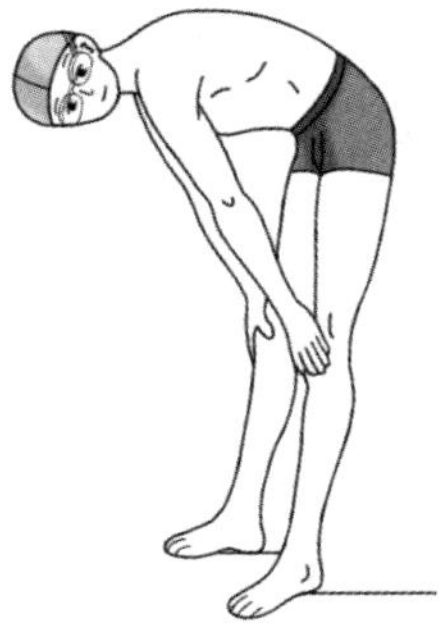

图3-2-36

图3-2-37

②夹板划臂配合呼吸。大腿夹浮板,身体水平俯卧于水中,做自由泳两臂连贯交替的划水动作向前游进,配上转头呼吸的动作。反复练习,逐步延长练习距离。

学习重点:两臂连贯地配合节奏。

学习难点:呼吸动作与躯干、手臂动作同步。

易犯错误:双手配合不连贯,身体没有转动,吸气时抬头。

解决方法:先抓动作节奏,不急于对划水技术细节要求过高。

4.第四课时。

学习内容:复习上节课所学的内容,学习自由泳的完整配合游。

自由泳臂、腿部动作配合技术口诀:身体俯卧平又直,绕着纵轴左右转,上下打腿不停顿,两臂交替须连贯。

(1)陆上模仿练习。

小踏步模仿配合。原地站立,上体略前倾,两腿原地小踏步,两臂做连贯交替的划水动作,模仿自由泳的臂、腿部动作配合技术。

①梅雪雄.游泳(第三版)[M].北京:高等教育出版社,2007:139.

(2)水中练习。

①单臂划水配合游。蹬壁滑行后继续低头闭气,两腿不停地打水。一臂前伸不动,用另一臂划水向前游进。如图3-2-38。

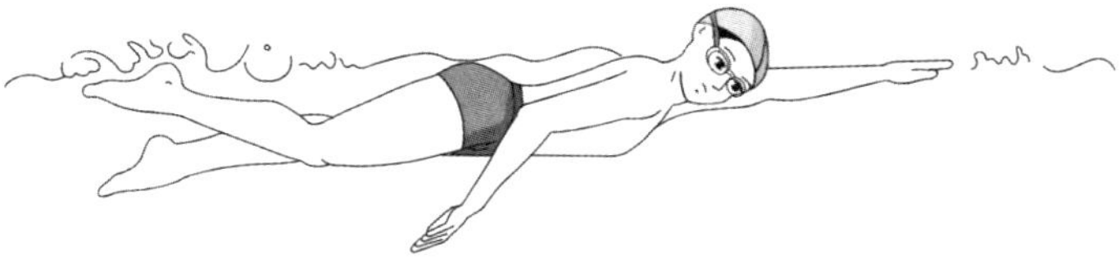

图3-2-38

②分解划水配合游。蹬壁滑行后继续低头闭气,两腿不停顿地打水。一臂划水后,提出水面经过空中前移,入水前伸与另一臂并拢,再换另一臂做划水动作。

③连贯划水配合游。蹬壁滑行后继续低头闭气,两腿不停顿地打水,做两臂连贯交替的“中交叉”划水动作向前游进。如图3-2-39。

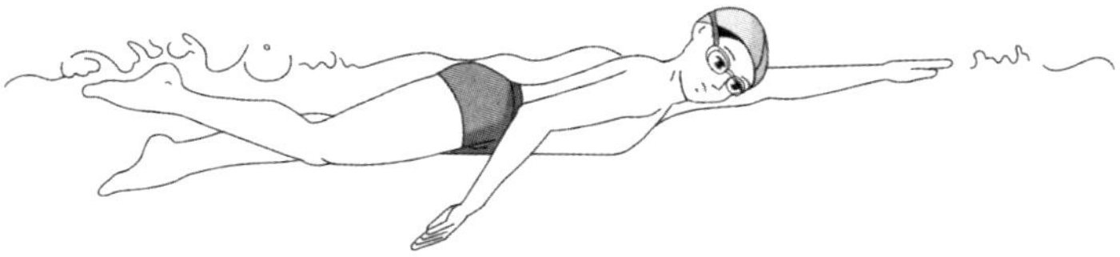

图3-2-39

学习重点:手部和小臂向后对水的感觉。

学习难点:身体转动及呼吸动作。

易犯错误:抬头吸气。

解决方法:头部随身体一起围绕纵轴转动,完成吸气。

5.第五课时。

学习内容:复习上节课所学的内容,学习自由泳的臂、腿部动作和呼吸配合技术。

(1)陆上模仿练习。

复习上节课陆上模仿动作。

(2)水中练习。

①单臂前伸打腿加呼吸。身体水平俯卧于水中,一臂前伸,手扶浮板,另一臂置于体侧,打腿游进。随着打腿的动作,身体有节奏地绕纵轴转动,使一侧肩露出水面成半侧卧

姿势，用口吸气后身体转回俯卧姿势。如图3-2-40。

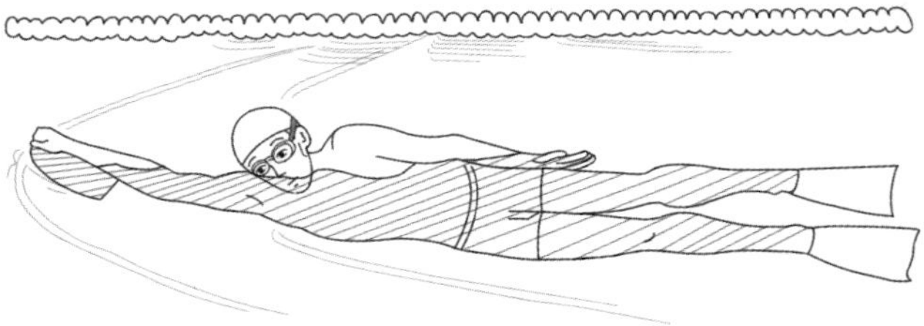

图3-2-40

②完整配合游。做自由泳臂、腿、呼吸的完整配合动作向前游进。两臂交替不宜太快，可先做多次划水后呼吸1次的动作，逐步过渡到两臂各划水1次，呼吸1次。注意在划水和转头吸气时腿部动作不要停顿。反复练习，逐渐增长游距，增强配合的协调性和打腿、划臂的实效。

③双侧呼吸配合游。做自由泳臂、腿、呼吸的完整配合动作向前游进，要求两臂每次划水3次，呼吸1次，即练习两侧轮流呼吸的自由泳动作。

学习重点：身体和肩的转动。

学习难点：移臂和呼吸动作。

易犯错误：由于前面的练习中手都有支撑，练习形式都是分解练习，以"前交叉配合"为主，容易形成习惯，难以连贯配合。

纠正方法：及时转入连贯流畅的两臂"中交叉"或"中前交叉"配合，以免动作定型后不易再改变。

6.第六课时。

学习自由泳时的常见错误、产生错误的直接原因及纠正错误的方法见表3-2-1。[①]

表3-2-1　自由泳的常见错误、产生原因及纠正方法

动作部位	常见错误	产生原因	纠正方法
腿部	小腿打水	1.向上打水时勾小腿，屈膝过大 2.没有用大腿带动小腿	1.强调向上打水时脚跟不露出水面 2.多做直腿打水练习，体会大腿带动小腿的动作要领

①梅雪雄.游泳(第三版)[M].北京：高等教育出版社，2007：141-142.

续表

动作部位	常见错误	产生原因	纠正方法
腿部	屈髋打水	1.躯干没有充分展开 2.向上打水时大腿上抬不够	1.多做趴在地板上的直腿打腿模仿练习，要求身体充分伸展略成反弓形 2.水中练习强调展髋，注意大腿上摆，适当抬高头部位置，利用状态反射帮助髋关节展开
	勾脚打水	踝关节灵活性差	1.多做跪压踝动作，增强踝关节的柔韧性 2.要求脚掌稍内旋，有意识地绷直脚尖打水
臂部	划水路线短，划水偏外	1.入水点偏外 2.入水后手臂过于外划 3.伸肘推水动作不充分，急于提肘出水 4.伸肘肌群力量不足	1.采用矫枉过正法，主观上要求手在头的前方入水 2.强调内划，使手在身体中线的下方划水 3.强调在划水的后半段加速伸肘，手指擦到大腿前外侧后再提肘出水 4.多做俯卧撑、拉橡皮带等练习来增大伸肘肌群的力量
	划水时手摸水	1.手臂力量不足 2.沉肘划水	1.强调手臂力量练习 2.多做水中原地站立划水的练习，体会屈臂高肘的动作要领 3.多做夹板划水的练习，强调高肘，体会划水时将身体向前拉引的感觉
	前端直臂下压	1.直臂入水 2.入水后前伸抓水不充分，急于划水前进	1.多做水中原地站立的划水动作，强调拇指领先高肘入水 2.多做夹板单臂划水的练习，强调手臂入水后的前伸抓水动作
	手出水困难	1.推水结束时手臂在体侧停顿 2.出水时直臂，掌心向上兜水	1.强调推水结束紧接着出水，中间不停顿 2.多做夹板单臂划水的练习，强调屈肘提拉，以小指侧领先将手臂提出水面

续表

动作部位	常见错误	产生原因	纠正方法
臂部	宽平移臂	1.肩关节灵活性差 2.身体绕纵轴转动不够	1.加强肩关节柔韧性练习 2.移臂时肩部放松,保持高肘,适当增大身体转动的幅度 3.采用条件限制法,靠近池壁游,迫使形成高肘移臂
配合	臂、腿配合不协调	1.划臂时忘了打腿 2.臂、腿动作过于紧张	1.加强打腿练习 2.强调臂划水时两腿不停顿地打水,采用臂入水后前伸稍停打腿游进的练习改进动作 3.多练放松配合游
	抬头吸气	1.怕呛水、喝水 2.身体绕纵轴转动不够	1.多练水中站立划水配合侧转头呼吸的动作 2.强调身体绕纵轴转动,转头吸气,如做"咬肩"动作
	吸不到气	1.没掌握好水中呼吸的基本方法 2.吸气时身体下沉	1.加强水中呼吸基本方法的练习 2.改进两臂的配合,使转头吸气时另一臂处于前伸抓水的阶段

三、仰泳技术分析、学习步骤

(一)仰泳技术分析

1.身体姿势。

身体姿势是仰泳技术中最重要的部分,仰泳时好的身体位置是使身体尽可能浮在水面上。身体应保持水平状态和积极流线型,通过收腹将身体尽量伸展,保持脊柱挺直,形成在水中阻力最小的流线型姿势。与此同时,身体位置要尽量高,形成"高、平、直、稳"的身体姿势。

(1)头部姿势。

在仰泳技术中头起着"舵"的作用,并可以控制身体左右转动。头应保持相对稳定,不要上下左右晃动,但颈部肌肉不要过分紧张,后脑处在水中,水位线在耳际附近,两眼看腿部的上方。

(2)腰部姿势。

仰泳游进中,腰部肌肉保持适度的紧张,才不会使身体过分平直和屈髋成坐卧姿势。肋上提,不要含胸。快速游进时,身体的迎角能使体位升高,水平较高的运动员不仅肩和胸部露出水面,腹部也经常会露出水面。

(3)身体的转动动作。

游仰泳时,身体的纵轴应随着两臂的划水动作而自然滚动,滚动的角度根据个人的情况不同稍有差别,肩关节灵活性较好的人滚动小,反之则大,一般为45° 左右。

(4)身体滚动的目的。

身体滚动有利于划水臂处于较好的角度,能够加强划水的力量;有利于保持屈臂划水的一定深度;有利于臂出水和向前移臂。注意滚动的角度不应过大,否则不但会引起疲劳,而且会影响前进速度。

2.仰泳的腿部动作。

仰泳的腿部动作由上踢动作和下压动作组成,即直腿下压,屈腿上踢。

(1)上踢动作。

上踢动作可以产生推进力,因此需要用较大的力量和较快的速度完成。上踢开始时,脚内旋,伸两踝,躯干带动大腿、小腿、脚依次向上踢水,做鞭状打水动作。在上踢过程中,应逐渐伸直膝关节。当大腿移动到接近水面的时候,在腰、腹部肌肉的带动下开始下压动作,而此时,小腿和脚在上踢惯性的带动下继续向上加速踢水,膝关节此时完全伸直,形成鞭状打水动作。完成上踢动作时,脚尖应该接近或者略微出水,踢出的水花应似开锅的水,沸腾而不四溅。应该做到只见水花,不见其他部位。[①]

(2)下压动作。

腿向下压的动作是借助于臀部肌群的收缩来完成的。下压过程中,水对下压的腿产生向上的压力,因此下压动作的前半段是直腿完成的。下压时首先伸髋,然后大腿带动小腿下压。在到达一定深度后,大腿在腰、腹部肌肉的带动下转为向上踢水,此时,小腿和脚继续下压,使膝关节产生弯曲。因此,下压动作的后半段是屈膝完成的,但屈膝的角度不宜过大。

①温宇红.游泳教学和训练双语教材[M].北京:北京体育大学出版社,2009:36.

3.仰泳的臂部动作。

仰泳时臂的划水动作是推动身体前进的主要因素。一个完整的手臂动作分为入水、抱水、划推水、出水和空中移臂等五个阶段，手掌由于入水、抱水和划推水在水下形成一个“S”形的路线。

(1)入水

手臂入水时，应借助于移臂动作的惯性，臂部自然放松，入水点应在身体纵轴与肩的延长线之间，或在肩的延长线上。过宽和过窄都会影响速度。臂入水时应保持直臂，肘部不要弯曲，入水时小指向下，拇指向上，掌心向侧后方。手掌与小臂成150°~160°角。

(2)抱水

抱水时，手的运动方向为向后—向下—向外三个分运动，水流由小指尖流向第一掌骨底，紧接着通过前臂外旋，改变掌心朝向，方向由向外—向下—向后变为向后—向上—向外。

(3)划推水。

划水动作是仰泳手臂动作中产生推进力的阶段。仰泳划水的运动轨迹是一个三维立体的螺旋曲线，手臂和手掌通过不断变化对水的攻角，从而持续不断获得升力或阻力推进力。仰泳的划水动作按照手臂主要运动方向分为下划和抓水、上划、第二次下划和第二次上划四个动作阶段。

①下划和抓水。

入水后，身体前伸，积极前伸，引导手掌和前臂抓水，增加参与划水动作主要肌群的初长度，以便充分发挥肌肉力量。划水一侧身体肌肉伸展得越长，在随后进行的划水动作中，收缩的力量就越大。在尽量伸展身体的同时，也要注意保持身体的直线姿势，手臂划水不要超过中线。

手臂外旋，屈腕屈肘，使手掌和前臂对准水，并有压水感。只有手掌和前臂保持最大对水面，并能抓住大量的水，才能保证在接下来的划水动作中取得最佳划水效果。完成抓水动作后，身体应继续向同侧转动。

抓水后，手臂应继续向下，向外划，直至手到最低点。下划和抓水阶段结束时，手掌距水面30~40厘米，肘关节弯曲150°~160°。

②上划。

完成下划和抓水后，身体继续围绕纵轴向同侧转动，手在做以向后为主要方向的划水动作时，应同时向上、向后和向内划水，逐渐加大屈肘角度直至最大。上划过程中，要形成良好的对水面，从而完成仰泳的“反高肘”动作。手掌应垂直于水面方向，肘部应面向池底。当手臂划至肩下与水平面垂直时，身体转动幅度达到最大，约为45°，相应肘关节的角度也达到最大，为90°~100°，手掌距水面10~15厘米，指尖向上。上划结束时，手掌距离水面5~15厘米。在臂上划结束时，虽然肘关节是弯曲的，但手与肘的位置是齐平的。

③第二次下划。

这是划水动作中最关键的一个阶段，因为该阶段所获得的推进力直接影响身体所能获得的最大速度，一定要加速完成。开始第二次下划时，躯干发力，身体开始沿身体纵轴向身体对侧转动，依次按照躯干、上臂、前臂和手掌的顺序向脚的方向做鞭状加速划水，直至在大腿下完全伸直手臂。第二次下划结束时，掌心向下，指尖向外，手掌位于水下30厘米的位置。

④第二次上划。

第二次上划的概念是由玛格利索在*Swimming Even Faster*中提出并加以详尽分析的。它是指第二次鞭状下划后和出水前的这段划水。第二次下划后手掌朝下，指尖向外，通过直臂外旋和伸腕动作向上划水，手掌由朝下转为朝上、向后、向内划水至腿旁，完成上划动作。第二次上划动作非常短暂，最初主要出现在一些运动员第二次下划比较靠外，在手掌因准备出水而从向下到向内的转动过程中，由于手掌此时与水面形成一个向后的倾斜角度以及由外向内的横向运动，因此产生了升力和推进力。第二次上划结束后，手掌贴近大腿，这样可以依靠躯干的转动加快移臂动作。

(4)出水。

推水结束后，借助于手掌压水的反弹力迅速提臂出水。出水时手形有多种：其一，手背先出水；其二，大拇指先出水；其三，小拇指先出水。这三种手形各有利弊，相对来说最后一种较好。

无论采用哪种手型出水，都要注意使手臂自然、放松、迅速，并且要先压水后提肩，肩部露出水面后，由肩带动大臂、小臂和手依次出水。

(5)空中移臂。

提臂出水后，手应迅速从大腿外侧垂直于水面移至肩前。当手臂移至肩上方时，手掌要内旋，使掌心向外翻转(采用小拇指先出水技术的无此动作)。空中移臂时，必须要伸直放松，移臂的后阶段要注意肩关节充分伸展，为入水和划水做好准备。

4.呼吸。

仰泳与其他姿势不同，脸部不会没入水中。因此，不必在特定的时间吸气和呼气。不过有些教练员认为，确定一种呼吸节奏将使游泳效率得到提高。他们建议运动员在一臂移臂时吸气，另一臂移臂时呼气。

5.仰泳配合技术。

(1)两臂配合技术。

仰泳两臂的配合是“连接式”的，即当一臂划水结束时，另一臂已入水并开始划水；一臂处于划水的中部，另一臂正处于移臂的一半。在整个臂的动作过程中，两臂几乎都处在完全相反的位置。

(2)臂和呼吸配合技术。

仰泳的呼吸相对来说比较简单，一般是两次划水一次呼吸。即一臂移臂时开始吸气，然后做短暂的憋气，当另一臂移臂时进行呼气。在高速游进时也有一次划水、一次呼吸的技术，但是呼吸不能过于频繁，否则会引起呼吸不充分，造成动作紊乱。

(3)臂和腿配合技术。

臂、腿配合是否合理，将影响整个动作的平衡、协调和自然。臂在划水过程中，腿的上踢、下压动作要避免身体过分转动，以保持身体的平衡、协调为原则。

(二)仰泳学习步骤

1.第一课时。

学习内容：学习仰泳的腿部动作。

仰泳腿部动作技术口诀：大腿发力带小腿，两腿交替像甩鞭，上踢用力下压直，膝盖脚尖不出水。

(1)陆上模仿练习。

①仰坐模仿打腿。坐在池边或地上，上体后仰，双手后撑，两腿并拢伸直，模仿仰泳上下交替的打腿动作，体会动作幅度和脚的姿势。先做直腿练习，初步体会大腿带动小腿的要领后，逐步过渡到鞭状动作。如图3-2-41。

②坐在池边打腿。坐在池边，上体后仰，双手后撑，腿前伸，双脚浸入水中，做仰泳上下交替的打腿动作。先做直腿练习，逐步过渡到鞭状动作。要求上踢时搅出水花，注意不

要做成“脚踏自行车”的动作。[①]如图3-2-42。

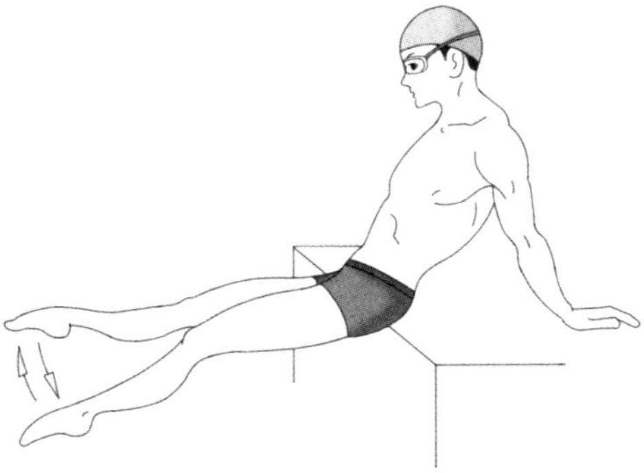

图3-2-41

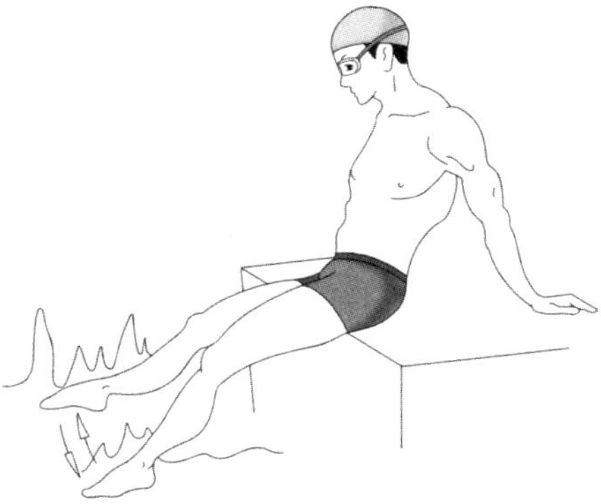

图3-2-42

(2)水中练习。

①托扶仰卧漂浮。在水中站立,深吸气后,上体慢慢后倒,由同伴站在前方托住头部,或站在侧面托住腰部,体会仰卧漂浮的身体姿势。如图3-2-43。

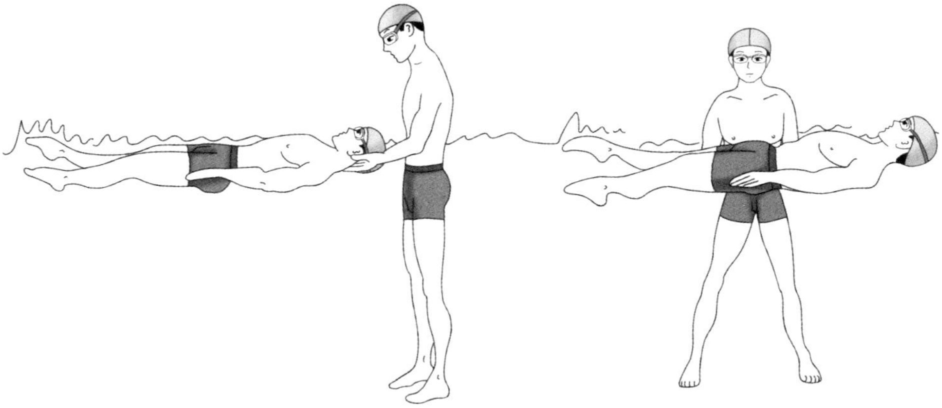

图3-2-43

②仰卧漂浮。水中站立,头和上体后仰,身体平躺于水中,两臂在体侧,平卧漂浮于水面上(如图3-2-44①),重点体会身体的仰卧平浮姿势,要求髋部展开,头与身体在水中保持水平仰卧姿势。开始时可请同伴托腰、托头,帮助仰浮(如图3-2-44②),待手臂动作开始且身体平浮后停止帮助。

①梅雪雄.游泳(第三版)[M].北京:高等教育出版社,2007:155.

图3-2-44

③仰卧蹬壁滑行。两手抓住池边，两脚贴在近水面的池壁上。然后，上体后倒仰卧于水中，两手松开，两臂贴于体侧，两腿随即用力蹬壁，身体成流线型在水中向前滑行。如图3-2-45。

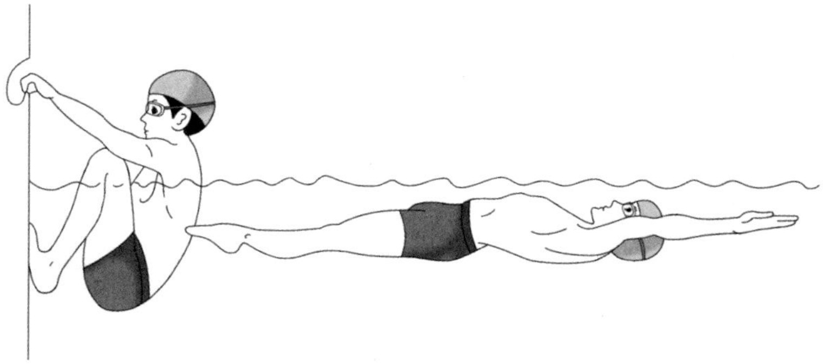

图3-2-45

④抓边（撑底）打腿。仰卧于水中，两手反抓池沿，或在浅水中两手后撑池底，练习仰泳的打腿。重点体会展髋平浮的身体姿势和腿的上踢下压动作。上踢时脚和膝不要露出水面，但要踢出水花。如图3-2-46。

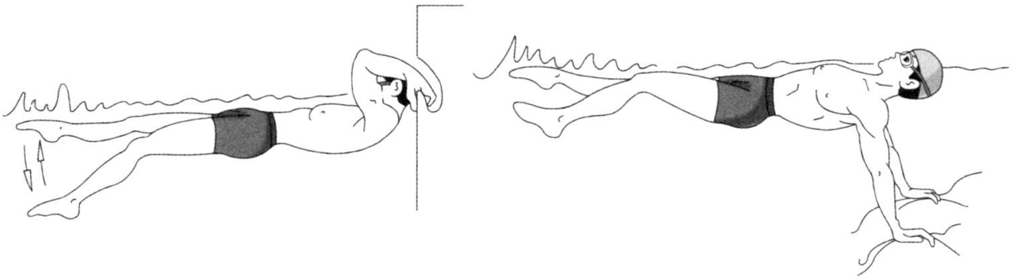

图3-2-46

⑤托头打腿。仰卧于水中,两臂置于体侧,由同伴托住头部,做仰泳打腿动作。帮助者慢慢后退。练习时重点体会正确的仰卧姿势及通过打腿推动身体前进的肌肉感觉。如图3-2-47。

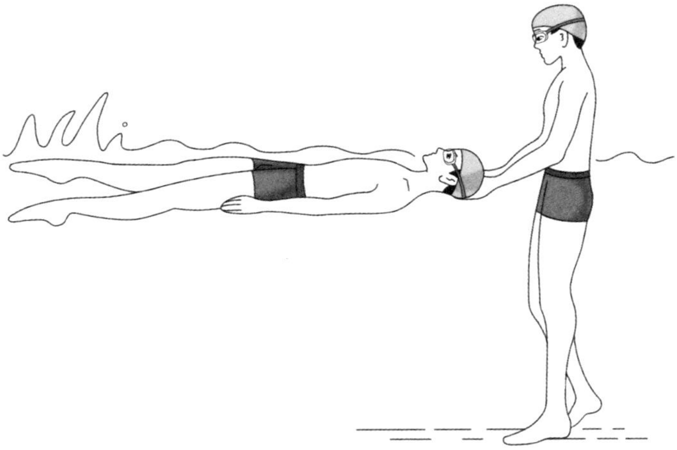

图3-2-47

学习重点:身体姿势和平衡的掌握。

学习难点:鞭状发力打水动作。

易犯错误:初学仰泳时容易抬头,腹部沉在水下,腿打不出水花。

解决方法:提醒学习者头部与身体成一条直线,眼睛向上看,腿、脚用力向上打出水花。

2.第二课时。

学习内容:复习上节课所学内容,学习仰泳打腿技术。

(1)陆上模仿练习。

复习上节课的陆上动作。

(2)水中练习。

①漂浮打腿。利用浮板或各种助浮器使身体仰卧,漂浮在水面做打腿练习。如图3-2-48。

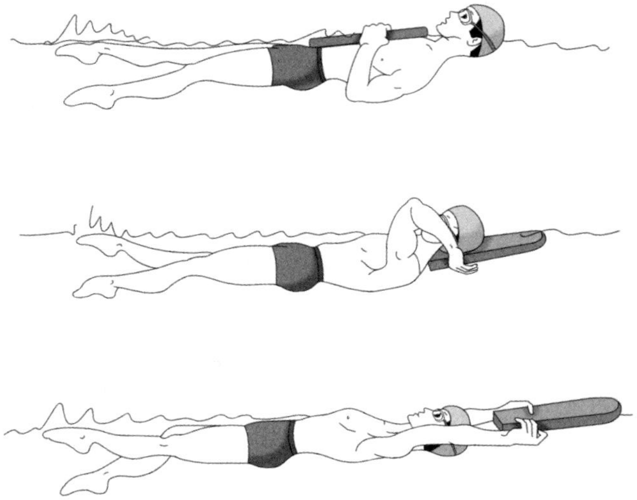

图3-2-48

②滑行打腿。仰卧蹬壁滑行后做仰泳的鞭状打腿动作向前游进,两臂贴于体侧。如图3-2-49。

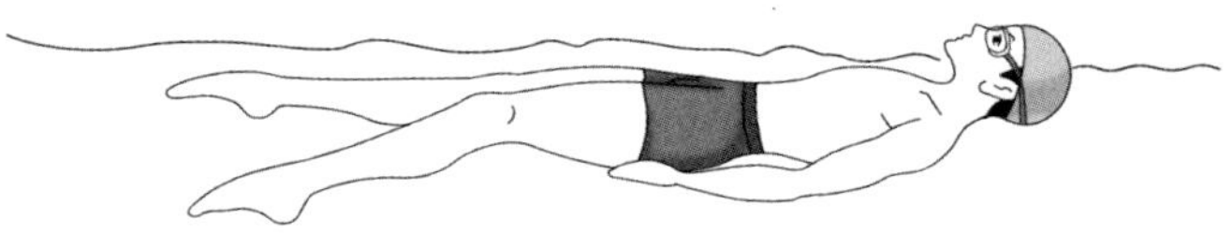

图3-2-49

③臂前伸滑行打腿。仰卧蹬壁滑行后,做仰泳的鞭状打腿动作向前游进。开始时一臂摆至头前伸直,另一臂置于体侧,两臂轮换练习。然后两臂都摆至头前,并拢伸直,头夹于两臂之间,逐渐增加练习距离。也可以扶浮板做练习。如图3-2-50。

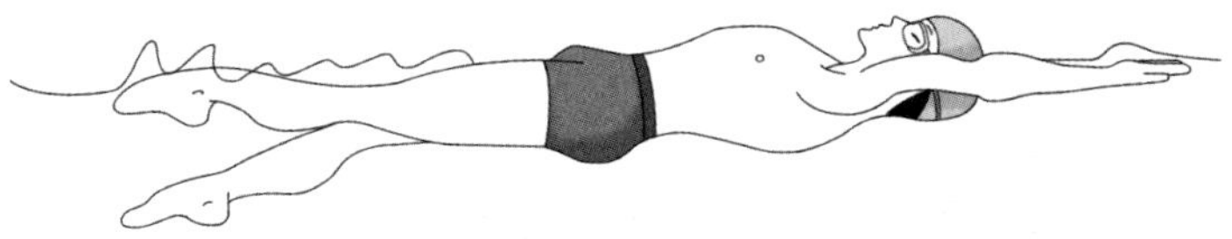

图3-2-50

④转体打腿。两臂置于体侧，做仰泳的打腿动作向前游进，保持头部稳定，身体绕纵轴有节奏地来回转动使两肩轮流露出水面，两腿相应做轻微的侧向打水动作，体会在躯干转动的情况下两腿打水的动作要领。如图3-2-51。

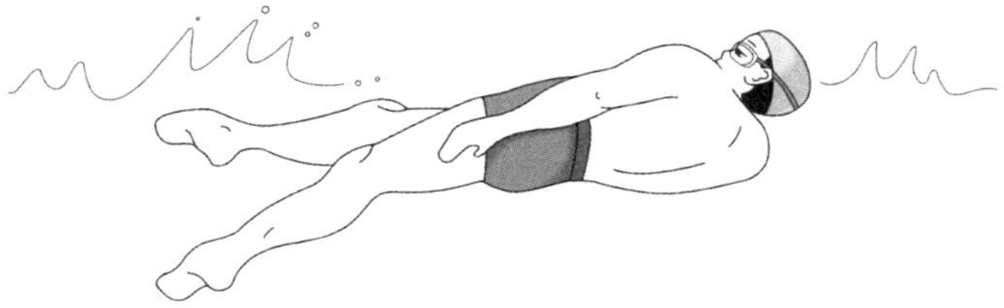

图3-2-51

学习重点：身体成一个整体转动。

学习难点：在转体的同时保持头部姿势稳定。

3.第三课时。

学习内容：复习上节课所学内容，学习仰泳的臂部动作和臂部动作与呼吸配合的技术。

仰泳臂部动作技术口诀：肩前小指切入水，前伸下划抓住水，屈臂提拉至体侧，伸肘推压再出水，一臂入水一臂推，两臂交替须连贯。

仰泳臂部动作与呼吸配合技术口诀：一臂前移吸气，另一臂前移呼气。

(1)陆上模仿练习。

①原地模仿单臂划臂。陆上原地站立，单臂做仰泳划水的模仿动作。先按三拍分解练习：a.直臂入水；b.屈肘拉；c.伸肘推。基本掌握后，按二拍练习，最后再连贯练习。两臂轮换。

②原地模仿交替划臂。陆上原地站立，模仿仰泳的双臂划水动作。先直臂练习，初步体会动作后再屈臂练习。要求两臂的划动与躯干的转动协调一致，两臂基本上处于相对的位置。如图3-2-52。

③仰卧模仿。仰卧于凳上，模仿仰泳划臂动作。练习时，先模仿单臂动作，再模

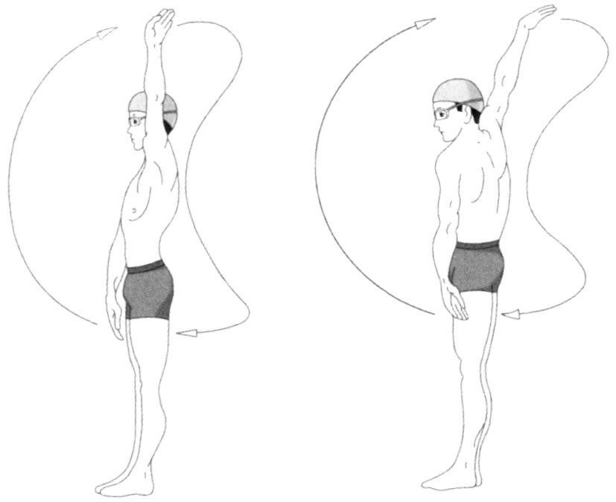

图3-2-52

仿双臂配合动作。由于此练习的身体位置接近水中练习实际，练习中应重点掌握直臂、移臂、屈臂划水动作和“S”形的划水路线。模仿划水动作时，要求手指与地面平行，手掌与地面垂直，向脚的方向划水，直至臂推直。如图3-2-53。

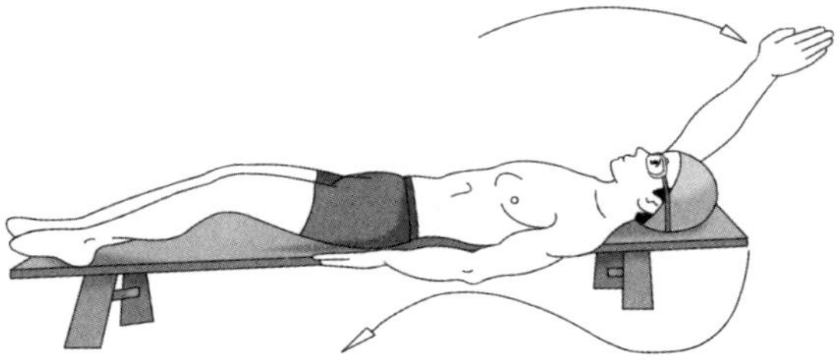

图3-2-53

(2)水中练习。

①站立划臂。在水中原地前后开立，单臂在体侧模仿仰泳划水的动作。先按“移臂入水—平S形划水”二拍练习，再按一拍连贯练习，左、右臂轮换进行(如图3-2-54①)。基本掌握动作要领后，改为并步站立，模仿仰泳两臂连贯交替划水的动作(如图3-2-54②)。

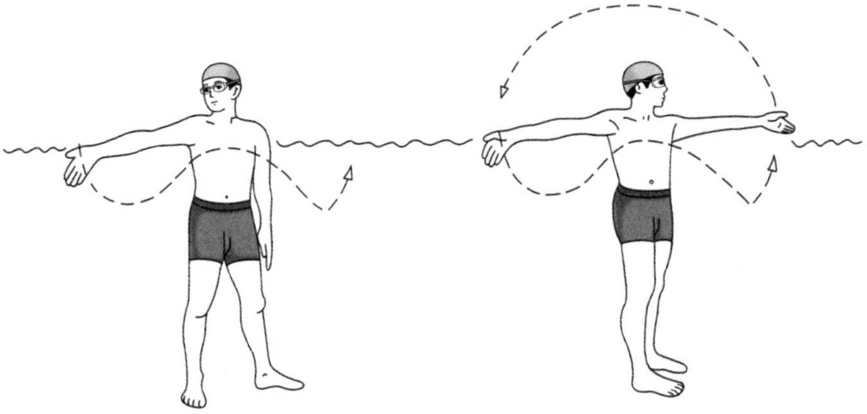

①　　②

图3-2-54

②托扶划臂。练习者仰卧于水中，由同伴抱住双腿或抓住双踝，练习者做仰泳两臂连贯交替的划水动作。帮助者稍用力使练习者的躯干随手臂动作适当转动以使其顺利完成划臂动作。如图3-2-55。

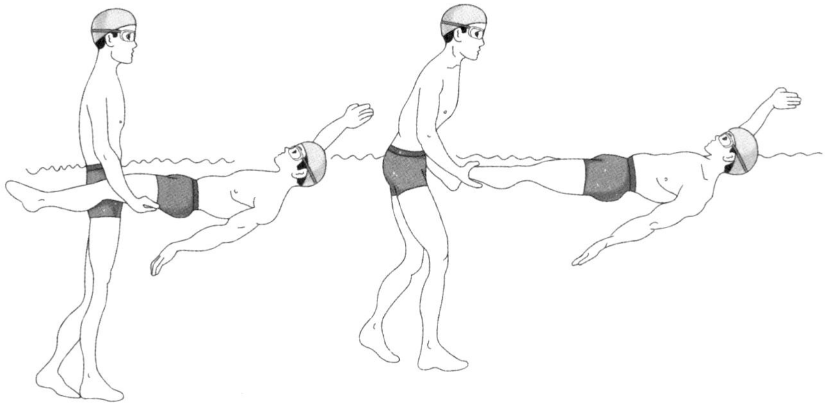

图3-2-55

③夹板划臂。大腿夹浮板,身体水平仰卧于水中,做仰泳两臂连贯交替的划水动作向前游进。如图3-2-56。

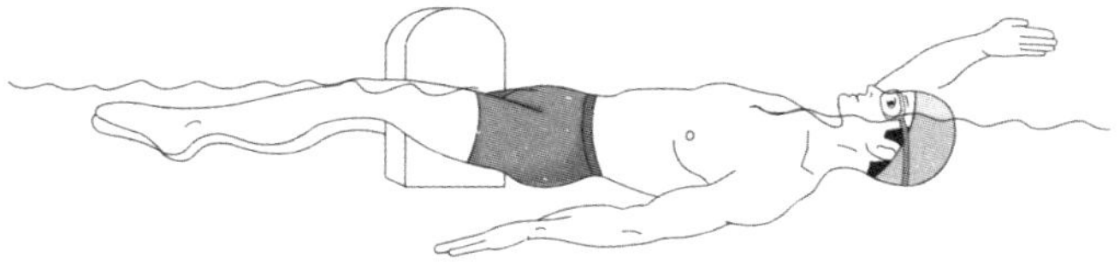

图3-2-56

④夹板划臂配合呼吸。大腿夹浮板,身体水平仰卧于水中,做仰泳两臂连贯交替的划水动作向前游进,配上有节奏的呼吸,逐步形成一臂空中前移时吸气,另一臂空中前移时呼气的动力定型。反复练习,逐步延长练习距离。

学习重点:划水路线。

学习难点:身体转动与划水的配合。

易犯错误:出水、入水点和姿势错误,以及划水路线错误。

纠正方法:出水时掌心向内,大拇指向上,像是伸手与他人握手。入水时手臂贴耳,掌心向外。

4.第四课时。

学习内容:复习上节课所学内容,学习仰泳的完整技术动作。

仰泳臂、腿配合技术口诀:身体仰卧头稳定,绕着纵轴左右转,两臂交替像风车,上踢下压不停顿。

(1)陆上模仿练习。

小踏步模仿配合。原地站立,两腿原地小踏步,两臂做连贯交替的划水动作,模仿仰泳的臂、腿配合技术。不必强调臂、腿配合的对应次数,只要两臂划动时两腿不停地踏步即可。

(2)水中练习。

①单臂划水配合游。仰卧蹬壁滑行后继续打腿游进,一臂置于体侧,另一臂划水。做这一练习时,腿应不停顿地打水,并注意体会躯干绕纵轴转动和腿轻微地侧向打水的动作,左、右臂轮换练习。如图3-2-57。①

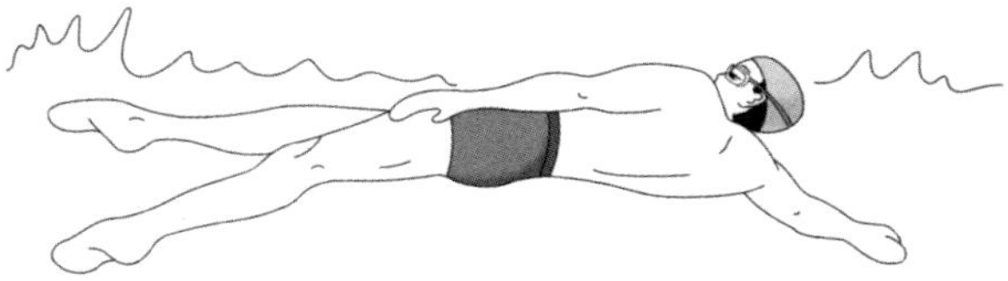

图3-2-57

②前伸稍停配合游。仰卧蹬壁滑行后继续打腿游进,两臂交替划水,手臂经空中前移在肩前入水后稍停,保持充分的伸肩姿势不停顿地打腿向前游进,然后再开始划水。做这一练习时,应着重体会一臂入水与另一臂最后的推压水协调一致要领,并注意使两臂始终处于相对的位置。如图3-2-58。

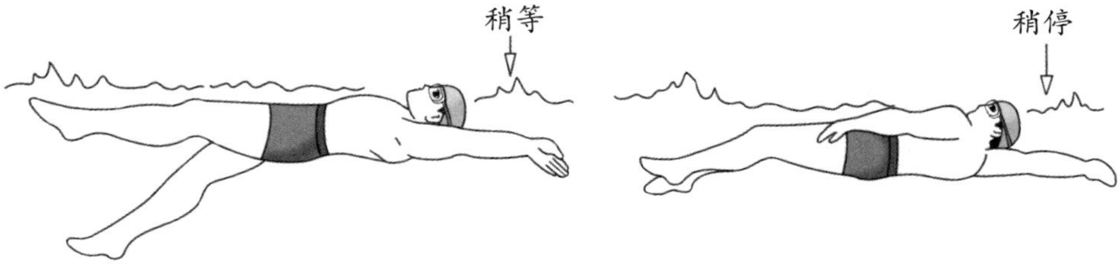

图3-2-58

③完整配合游。以正常的臂、腿配合动作向前游进。两腿不停顿地打水,两臂连贯交替划水。注意手臂划至大腿旁后不要停顿,一做完向下推压动作就紧接着提肩出水。在臂、腿配合协调的基础上,逐渐加上有节奏的呼吸,形成6:2:1的完整配合技术。然后逐渐增长游距,在反复的练习中不断改进腿、臂、呼吸动作,增强动作实效,使配合动作趋于熟练、自然、放松。

①《游泳运动教程》编写组.游泳运动教程[M].北京:北京体育大学出版社,2014:211.

学习重点：转动身体及两臂的配合。

学习难点：连贯、流畅的配合动作。

5.第五课时。

学习内容：复习仰泳的完整动作练习；纠正仰泳的常见错误，及学习仰泳时的常见错误、产生错误的直接原因及纠正错误的方法，见表3-2-2。

表3-2-2 仰泳的常见错误、产生原因及纠正方法

动作部位	常见错误	产生原因	纠正方法
腿部	脚掌蹬水	动作概念不清	讲解、示范，明确踢水要领，强调脚背踢水
	小腿打水	1.动作概念不清 2.以膝为轴打水 3.大腿未参与打水动作或参与动作不够	1.讲解、示范，明确打水须以髋为轴 2.陆上反复进行以髋为轴的打水动作模仿练习 3.强调大腿带小腿的正确踢水动作
	踢水时膝部出水	1.收髋沉臀 2.大腿直腿下压不够 3.提膝踢水	1.要求髋关节充分展开 2.加大大腿下压深度 3.强调踢水时膝不上提
	踢水时脚踢不出水花	1.动作概念不清，踢水方向不对（向后下踢水） 2.头高腿低，身体过于倾斜 3.腰腹力量差，不能维持身体水平姿势	1.讲解、示范，明确踢腿的正确方向，强调向后上方踢水 2.要求身体平躺，保持正确的仰卧姿势。因怕喝水、呛水而抬高头者应加强呼吸练习，消除怕水心理 3.加强腰部力量训练
配合	头高脚低，“坐”着游	1.收腹屈髋 2.怕呛水、喝水，抬高上体，头出水面 3.腰、腹和下肢力量差 4.打腿下压动作不规范	1.多做有助于保持良好身体姿势的练习（仰浮、仰卧滑行和打水练习），提高水中仰卧姿势的控制能力 2.消除怕水心理，掌握正确的呼吸技术，敢于将头部没入水中 3.加强腰、腹及下肢力量训练 4.加强打腿动作练习，增强下压动作效果

续表

动作部位	常见错误	产生原因	纠正方法
配合	配合动作不协调、不连贯	1.脚慢手快 2.呼吸紊乱 3.手臂动作周期中有停顿现象	1.加强腿部动作的练习，强调配合时积极、快速、不停顿地打腿，适当放慢划水动作节奏 2.消除紧张心理，注意呼吸节奏，强调呼吸与臂划水动作的正确配合 3.明确动作概念，划水时手臂动作不能出现任何停顿。注意防止“前交叉”配合和臂推水结束后的停顿现象，要求做“后交叉”配合和推水后迅速提臂出水
臂部	入水点过宽或过窄，不在肩的延长线上	1.动作概念不清 2.移臂时手臂不在垂直面上，有侧摆动作 3.肩关节灵活性差	1.讲解、示范，明确入水点的正确位置 2.反复进行垂直面上移臂的陆上和水上练习 3.加强肩关节灵活性训练
	手背拍击水面入水	1.动作概念不清 2.手臂内旋不移 3.肩关节灵活性差	1.讲解、示范，强调小指领先入水 2.陆上反复模仿移臂后半程手臂的内旋动作 3.加强肩关节灵活性训练
	手臂划水用力过早、过猛	1.动作概念不清 2.急于划水 3.动作紧张	1.讲解、示范，明确划水时臂用力的时机 2.强调入水下滑做深抓水动作后再开始划水 3.适当放松，划水时逐渐加速，不要“爆发式”用力
臂部	拖肘划水或直臂划水	1.动作概念不清 2.没有做好深抓水和屈臂动作 3.手臂入水顺势拖肘后划	1.讲解、示范，明确高肘、屈臂的正确概念 2.靠近池边，单臂划水，强制屈臂 3.强调手臂入水、抓水形成“倒高肘”后再划水
	两臂配合不连贯	1.动作概念不清 2.“前交叉”配合 3.划水结束时臂在体侧停顿	1.讲解、示范，明确两臂配合要领 2.多做“后交叉”配合模仿 3.注意加快推水速度和下压动作，利用其反作用力迅速提臂出水

四、蝶泳技术分析、学习步骤

(一)蝶泳技术分析

1.身体姿势。

蝶泳的身体姿势与其他泳姿不同,它没有固定的身体位置。在游进中躯干各部分和头不断改变彼此间的相对位置。头和躯干有时露出水面,有时潜入水中,成波浪式上下起伏的变化状态。

蝶泳在游进中,是以横轴(腰际)为中心,躯干和腿做有节奏的摆动,发力点在腰部和腹部。然后以大腿带动小腿,两腿一起做上下的鞭状打水动作。这些动作与头和臂部的动作紧密联系在一起,形成蝶泳所特有的波浪动作,因此前进时身体的阻力较小。

2.腿部姿势。

蝶泳在打水时,两腿自然并拢,脚跟稍微分开成"内八字",当两腿在前一划水周期向下打水结束后,两脚处于最低点,膝关节伸直,臀部上抬至水面,髋关节屈成约160°角。然后两腿伸直向上移动,髋关节逐渐展开,臀部下沉。当两腿继续向上时,大腿开始下压,膝关节随大腿下压,动作自然弯曲,大腿继续加速向下。

随着屈膝程度的增加,脚抬至接近水面时,臀部下降到最低点,膝关节弯曲成110°~130°角时,脚向上抬至最高点,并准确向下后方打水。

当脚向下打水时,踝关节放松,脚面绷直,然后小腿随大腿加速向后下方推水。双脚继续加速向下后方打水,动作尚未结束时,大腿又开始向上移动,当膝关节完全伸直时,向下打水的动作即结束。

蝶泳时腿的打水动作是由腰部发力,经过髋、膝、踝关节,并与躯干、脊柱动作相协调一致配合完成的。脚的运动方向是向下和向后,其向下的幅度大于向后的幅度。

腿向上抬起时,膝关节必须伸直,如果稍有弯曲,小腿的背面将产生很大的阻力。此外,向上抬腿时,不要过于用力,以便减少阻力。打腿的重点应放在向下打水动作上,腿向下打水的速度应比向上抬腿快两倍多。

3.手臂姿势。

蝶泳时臂的划水动作是产生推进力的主要因素,并且相对于其他姿势来说是较大的。蝶泳时臂的划水动作是两臂在头前入水,同时沿身体两侧做曲线划水。它的技术环节分为:入水、抱水、划水、推水和空中移臂等五个阶段。①

①温宇红.游泳教学和训练双语教材[M].北京:北京体育大学出版社,2009:55.

(1)入水。

蝶泳时臂的入水点基本上在肩的延长线上,两臂同时入水。入水时肘稍屈并略高于小臂,手掌领先,并与水面约成45°角,然后带动小臂和大臂依次入水。入水阶段,由于前臂外侧旋转动作,掌心由向外侧积极转向外侧后。

(2)抱水。

臂入水后,手和前臂继续外旋,进入抱水阶段。抱水时,手的运动方向为“向外—向后—向下”。随着前臂的外旋,掌心由向外侧后转为向后方向,接着进入划水阶段。

(3)划水。

在臂进入划水阶段时,前臂和手掌是划水的主要对水面。屈肘,使肘部保持较高的位置。前臂外旋动作和逐步加大屈臂的动作是同时进行的,当两臂划至肩下方时,小臂和大臂的角度为90° ~100° ,当两手划至腹下时,两手距离最近(几乎碰到一起),然后转入推水动作。

(4)推水

当两手距离最近时,双手做弧形向外推水的动作。手的运动方向为“向外—向上—向后”。推水的前半部分,手有较大的向后运动的分量,推水路线较直;推水的后半部分,手有较大的向外、向上的运动分量。推水时,由于小臂的内旋,掌心由向后划水转为向外侧后方划水。

(5)空中移臂。

当推水结束提肘出水后,两臂即由空中前移,开始移臂时肘关节微屈,手掌向上,肘先于手出水,两臂放松内旋,沿身体两侧低平的抛物线前摆。开始移臂时稍用力,利用臂的离心力向前摆出。移臂时速度要快,否则会造成身体下沉。

(二)蝶泳学习步骤

1.第一课时。

学习内容:学习蝶泳的躯干与腿部动作。

蝶泳躯干与腿部动作技术口诀:两腿并拢脚内旋,腰腹发力带动腿,直腿上摆髋展开,屈膝下打要提臀,均匀连贯小波浪,节奏明显像海豚。

(1)陆上模仿练习。

原地模仿躯干和腿部动作。原地站立,两臂上举并拢。腰、腹、髋部、大腿由上往下依次前后摆动,模仿蝶泳时躯干和腿的动作,初步体会波浪起伏的肌肉感觉。先按二拍分解练习:a.挺髋成反弓;b.经屈髋屈膝后提臂挺膝成屈体。基本掌握后,连贯起来练习。如图3-2-59。

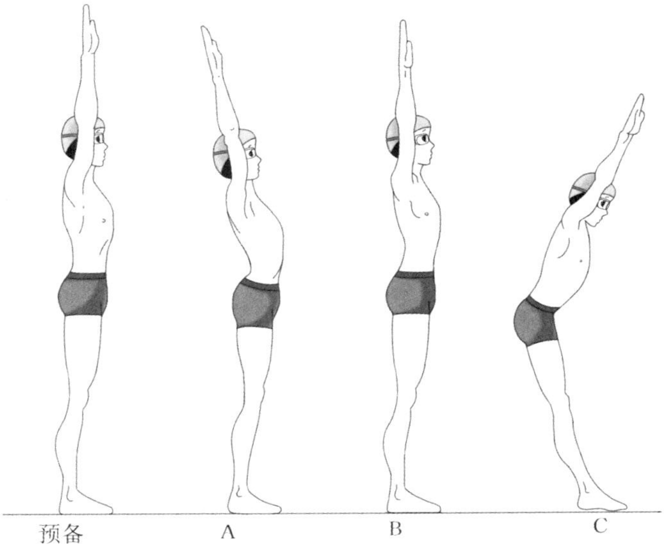

图3-2-59

(2)水中练习。

①海豚跳。在浅水中面对分道线站立,稍蹲,上体略前倾,两臂前伸并拢。两腿用力向后下方蹬池底,使身体往前上方跃出水面,并迅速收腹提臀越过分道线。身体入水后,迅速展体成反弓形姿势上浮,还原成站立姿势。这一练习可以帮助练习者体会屈髋提臀和展体挺髋的动作,初步建立躯干的波浪状动作概念。如图3-2-60。

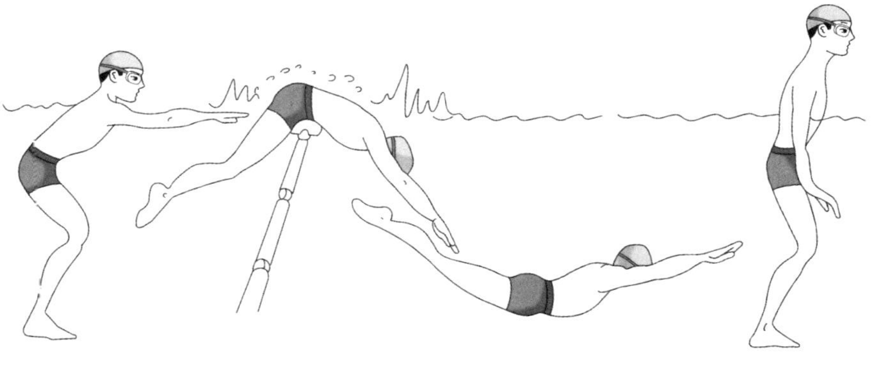

图3-2-60

②滑行打腿。蹬壁或蹬池底滑行后,在水下做蝶泳打腿动作。初学者可先屈腿打水,只要求腰部放松,待基本掌握后再做以腰带腿的波浪状动作。如图3-2-61。

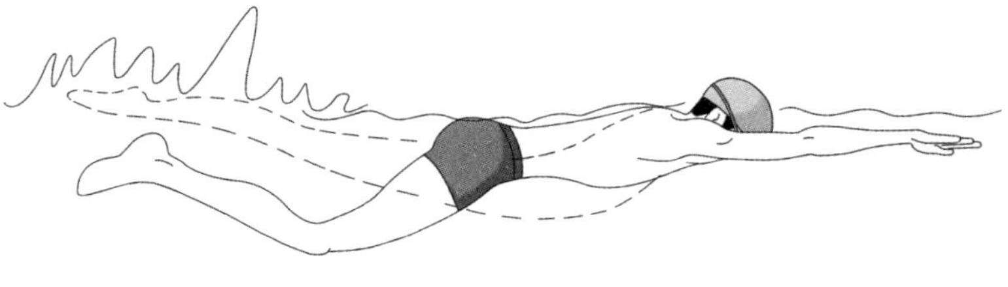

图3-2-61

③扶板打腿。先低头憋气打腿，基本掌握动作后，将头抬起，在水面自然呼吸。要求臂和肩不要上下摆动，以使腰、腹发出之力能向大小腿传递。如图3-2-62。

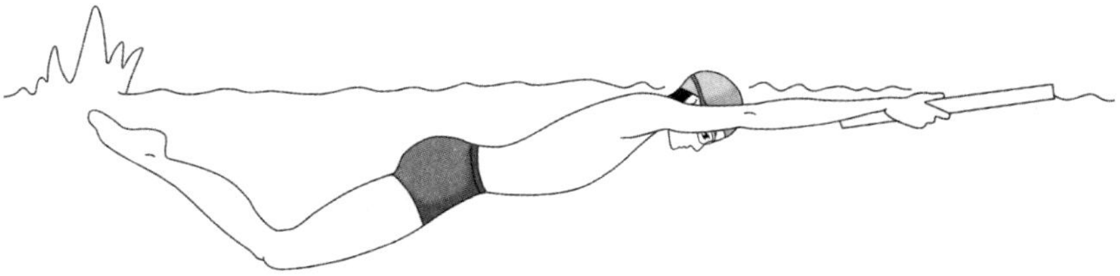

图3-2-62

2.第二课时。

学习内容：复习上节课所学内容，学习蝶泳的打腿动作。

(1)陆上模仿练习。

单脚站立模仿。一脚站于池边或台阶上，另一脚与躯干配合模仿蝶泳时躯干与腿的动作。此练习更接近水中动作，应重点体会腰部发力及带动大小腿前后摆动的鞭状打水动作。要求挺髋时直腿向后，收腹时屈膝向前。

(2)水中练习。

①潜泳打腿。两臂贴于体侧，低头闭气潜入水中，在水面下做海豚式鞭状打腿动作向前游进。注意由腰、腹发力，适当增大打腿幅度，做出明显的提臀和展髋的波浪状动作。如图3-2-63。

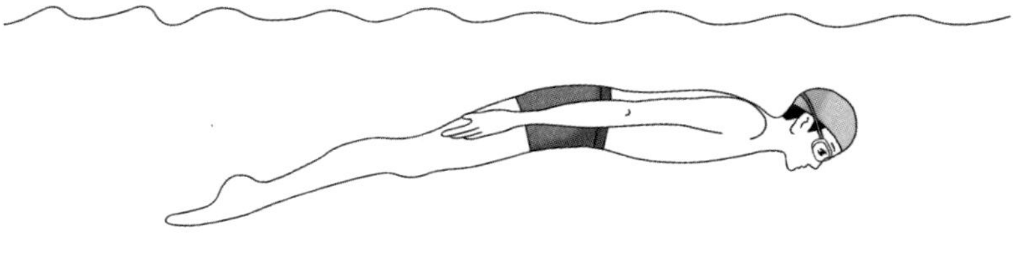

图3-2-63

②扶板打腿。俯卧于水中，两臂前伸扶住浮板，保持头和肩部相对稳定，连续做海豚式鞭状打腿动作向前游进。先低头做闭气练习，待基本掌握后可将头抬起，用口在水面上自然呼吸。逐步延长练习距离，增强动作实效，使打腿动作趋于熟练、放松、协调。[①]如图3-2-64。

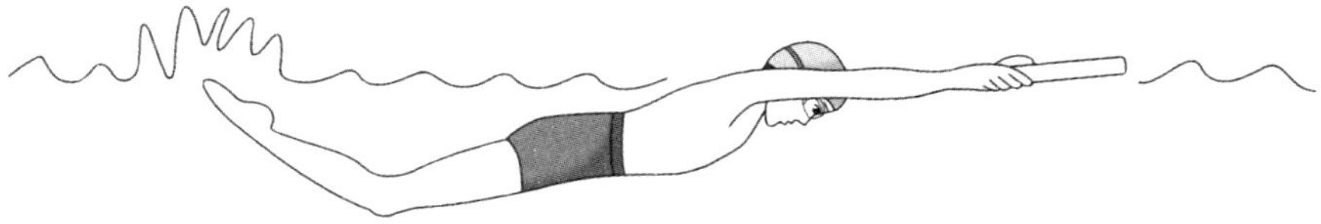

图3-2-64

学习重点：躯干的波浪动作。

学习难点：连贯的打腿动作。

3.第三课时。

学习内容：复习上节课所学内容，学习臂部动作及臂部动作与呼吸配合技术。

蝶泳臂部动作技术口诀：两臂肩前切入水，外划屈腕抓住水，屈臂高肘内后划，加速推至大腿边，顺势提肘快出水，放松前摆再入水。

蝶泳臂部动作与呼吸配合技术口诀：抓水拉水慢呼气，推水出水抬头吸，两臂前摆头先低，稍闭气后再呼气。

(1)陆上模仿练习。

①原地模仿划臂。两脚平行或前后开立，上体前屈，模仿蝶泳划臂动作，重点体会双S形的划水路线和低平的空中移臂动作。可在地面上画出划水路线，使手沿划水路线划动。基本掌握后，配上抬头吸气和低头呼气的动作。如图3-2-65。

图3-2-65

①梅雪雄.游泳(第三版)[M].北京：高等教育出版社，2007:177.

②划臂加压肩。面对肋木，两脚开立，上体前倾，两臂伸直，两手扶在同肩高的肋边上。练习时，先后移重心，然后模仿蝶泳两臂的划水动作。当两臂前摆、重心转移、两手再次扶在肋条上时，顺势向下压肩，体会手臂入水后的沉肩动作。如图3-2-66。

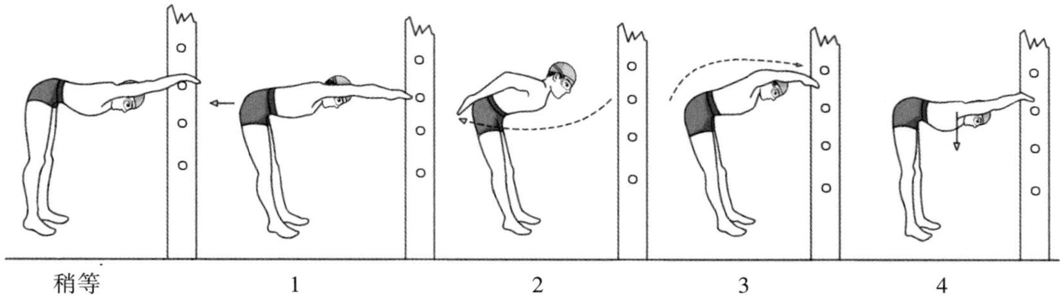

图3-2-66

(2)水中练习。

①原地划臂。站在浅水中，上体稍前倾，做蝶泳两臂的划水动作，体会划水路线及划水对身体的推动作用，特别强调在推水的最后阶段向上向外顺势提肘出水。先抬头练习，在动作基本正确的基础上，配上呼吸动作。如图3-2-67。

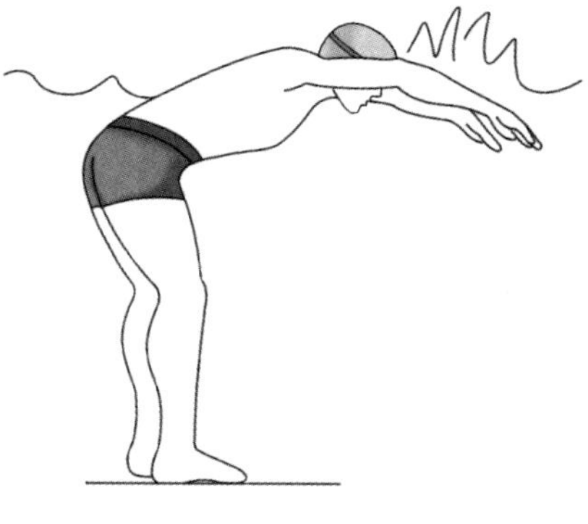

图3-2-67

②行进划臂。在浅水区，做蝶泳两臂划水的动作向前行进，做好入水、划水、出水、空中移臂各个环节，着重体会屈臂高肘划水对身体的推动作用。先抬头练习，然后加上抬头吸气、低头呼气的动作，体会呼吸的正确时机。如图3-2-68。

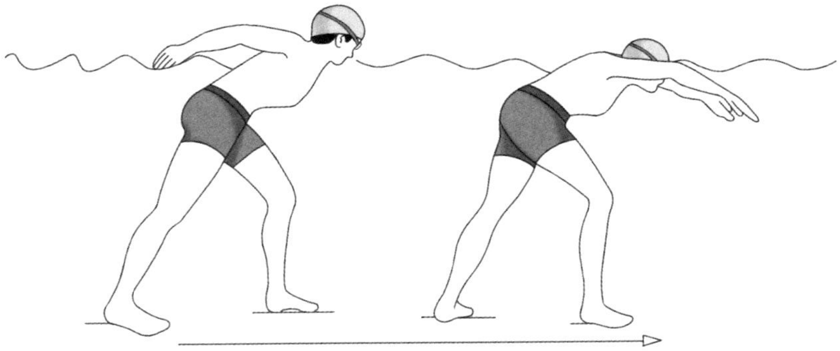

图 3-2-68

③划跳下潜。在浅水中原地站立,在两臂向后划水的同时两脚用力蹬池底,使身体向前上方跃出水面,张口吸气;两臂划水之后经空中前移,当两臂摆至肩前时低头潜入水中;身体在水中滑行时呼气,然后还原成站立姿势。着重体会空中移臂后的低头入水动作。如图3-2-69。

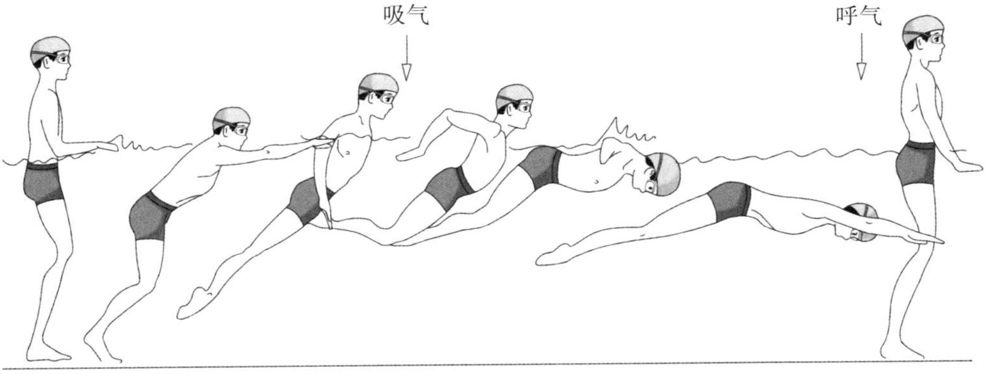

图 3-2-69

④助力划臂。在同伴的帮助下保持双腿浮于水中,然后做划臂练习。练习时,可先做憋气划臂练习,后加呼吸配合。配合呼吸时,帮助者应在练习者抬头吸气时稍加助力,帮助其抬高身体。如图3-2-70。

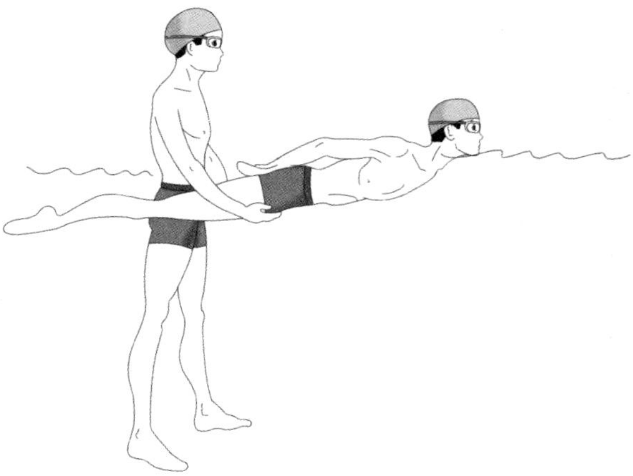

图 3-2-70

⑤夹板划臂。两腿夹板，做划臂练习。体会无固定支撑时手臂的划水动作和臂部动作与呼吸的配合。练习时，可先做憋气划臂，后配合呼吸。配合呼吸时先做“早吸气”，再逐步过渡至“晚吸气”。如图 3-2-71。

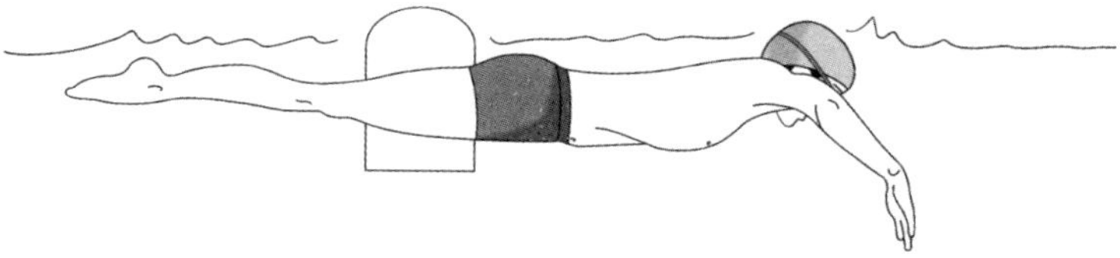

图 3-2-71

学习重点：划水路线和轮廓。

学习难点：臂部动作与呼吸的配合时机。

易犯错误：动作路线错误或划水与呼吸配合时机错误。

解决方法：用口令控制配合时机，手把手纠正划水路线错误。

4. 第四课时。

学习内容：复习上节课所学内容，学习蝶泳的完整技术动作。

(1) 陆上模仿练习。

原地模仿配合。原地站立，模仿蝶泳两臂的划水和躯干的波浪状摆动动作。在两臂上摆至肩的前方入水时，躯干做完第一次波浪式摆动，成提臀屈髋挺膝的姿势；当两臂下压至大腿边“出水”时，躯干做完第二次波浪摆动，成稍屈髋的自然站立姿势。练习时，着重体会身体的波浪状摆动与两臂动作配合的时机，力求动作协调、自然。如图 3-2-72。

图3-2-72

(2)水中练习。

①蛙泳长划臂结合海豚式打腿。蹬边滑行后继续低头闭气,做蛙泳长划臂与海豚式打腿结合的动作向前游进。两臂前伸时做第一次下打,两臂推水至大腿旁时做第二次下打。基本掌握后,再配上抬头呼吸动作。两臂开始划水时即抬头,在推水的过程中吸气,两臂前伸时头入水。如图3-2-73。

图3-2-73

②臂、腿分解配合游。蹬壁滑行后继续低头闭气,做3~4次海豚式打腿动作后,做一次蝶泳划臂动作,然后继续做海豚式打腿动作。反复练习。

③单臂蝶泳。一臂前伸不动,另一臂做自由泳划水动作,两腿做海豚式打水动作。可以连划几次再换另一臂,也可以每划一次即交换。着重体会一次划臂与两次打腿的配合时机。做这一练习时,可以采用自由泳侧转头吸气技术。如图3-2-74。

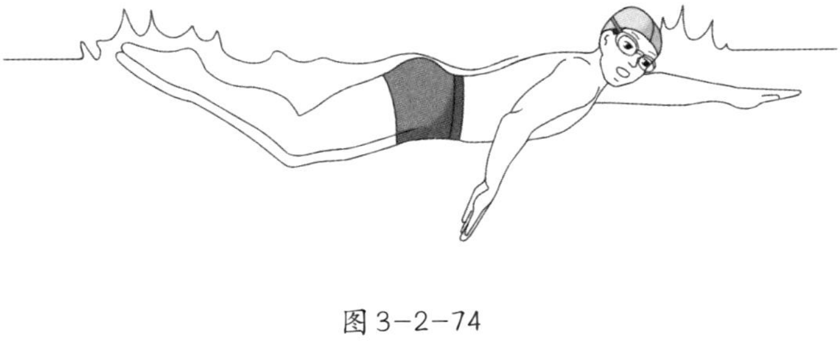

图3-2-74

④完整配合游。a.蹬边滑行后继续低头闭气，做蝶泳两次腿、一次臂的正常配合动作向前游进；b.基本掌握后加上呼吸，臂、腿做两个配合动作呼吸一次；c.做正常的2:1:1的完整配合，逐渐增长练习距离，在反复游中巩固和改进动作。

学习重点：臂、腿部动作与呼吸配合的时机。

学习难点：躯干发力和动量的传递。

5.第五课时。

学习内容：练习蝶泳的完整动作。

蝶泳的常见错误、产生错误的原因及其纠正方法见表3-2-3。

表3-2-3　蝶泳的常见错误、产生原因及纠正方法

动作部位	常见错误	产生原因	纠正方法
躯干和腿	屈伸小腿打水	1.动作概念不清 2.躯干未参与动作	1.讲解、示范，明确打水动作要领 2.多做腰带腿的模仿练习，打水时强调腰部发力
	直腿打水，无波浪状动作	1.动作概念不清 2.下肢过分紧张 3.下打无屈膝动作，腰、大腿、小腿和脚未按顺序依次发力 4.沉髋打水 5.躯干参与动作不够	1.讲解、示范，明确打水动作要领 2.小腿和脚要放松 3.多做模仿练习，下打时适度屈膝，强调腰发力带动下肢依次用力 4.注意提臀、收髋和展腹、沉髋动作的交替进行 5.多做潜水徒手打腿，加大躯干动作幅度
	上体起伏大	1.动作概念不清 2.发力的部位上移	1.讲解、示范，明确要领，陆上做上体不动的腰、腿模仿动作 2.强调腰部发力带动下肢，头、肩和上体相对保持稳定
臂	手臂出水、移臂困难	1.出水与推水动作不连贯，推水后有停顿 2.推水、出水速度过慢 3.出水时手心向上捞水 4.移臂时未及时低头	1.注意推水与出水动作的连贯，应边推水边提肘 2.加大推水力量，加快推水速度 3.强调推水后掌心向后，出水时稍转向内侧 4.强调先低(头)后移(臂)，多做低头憋气划手和移臂练习

续表

动作部位	常见错误	产生原因	纠正方法
臂	直臂划水	1.动作概念不清 2.错误动作定型干扰	1.讲解、示范,明确划水动作要领 2.多做陆上模仿和水中屈臂划水练习
	划水路线太短	1.动作概念不清 2.无推水动作或后推动作不够 3.怕吸不到气,过早抬头吸气 4.手臂力量差	1.讲解、示范,明确正确的划水路线 2.陆上反复模仿后推动作,水上练习时要求手推至大腿侧 3.强调推水后段抬头吸气 4.加强手臂力量的训练
配合	臂、腿配合脱节	1.动作概念不清 2.第二次打腿过早 3.臂在头前入水后停留时间过长 4.未掌握好配合节奏 5.体力差或过于疲劳	1.讲解、示范,明确配合动作要领 2.陆上模仿,强调推水时第二次打腿 3.臂入水后即开始抓水动作 4.加强陆上配合动作模仿和水中配合动作练习,掌握正确的配合节奏 5.选择体力充沛时进行练习,缩短练习距离
	上体无波浪状动作或波浪状动作过小	1.动作概念不清 2.臂入水时没有积极低头 3.腿下打时无提臀动作	1.讲解、示范,明确配合要领 2.反复进行陆上模仿,强调臂入水时积极低头带臂入水 3.强调腿下打时要积极提臀

五、游泳的出发与转身技术

(一)出发技术

游泳比赛的开始称为出发。游泳比赛规则规定,自由泳、蛙泳、蝶泳项目的比赛必须从出发台出发,仰泳项目则在水中出发。出发台出发可以分为抓台式出发、摆臂式出发和蹲踞式出发。[①]

1.出发台出发技术学习步骤。

(1)陆上模仿练习。

①原地摆臂上跳。原地站立,两脚分开与髋同宽,上体前屈,稍屈膝,两臂自然下垂。然后,两臂经前上摆(抓台式),或经前绕环一周后再上摆(摆臂式),两腿用力蹬地向上跳

①梅雪雄.游泳(第三版)[M].北京:高等教育出版社,2007:227.

起。在空中，两腿、两臂伸直并拢，头夹于两臂之间，微收腹，模仿出发台出发的动作。如图3-2-75。

图3-2-75

②撑地挺身跳。原地下蹲，两臂伸直在体前撑地，然后两腿蹬地并拢上摆，身体挺直，随后迅速收腹团身，还原成预备姿势。这一练习有助于体会脚高手低的入水姿势，但应强调两手撑稳地面，注意防滑。如图3-2-76。

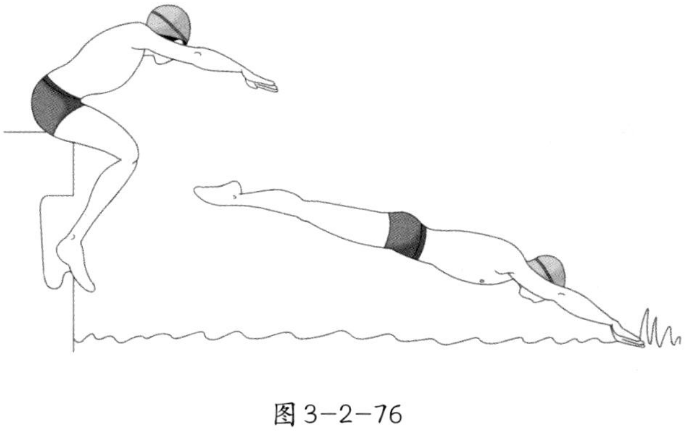

图3-2-76

③平地屈体前倒。原地站立，两脚分开与髋同宽，上体前屈，稍屈膝，两臂自然下垂。接着，身体前倒，使重心垂线前移超出两脚支撑面，两臂随即前摆在体前撑地。这一练习有助于掌握重心前移的要领。如图3-2-77。

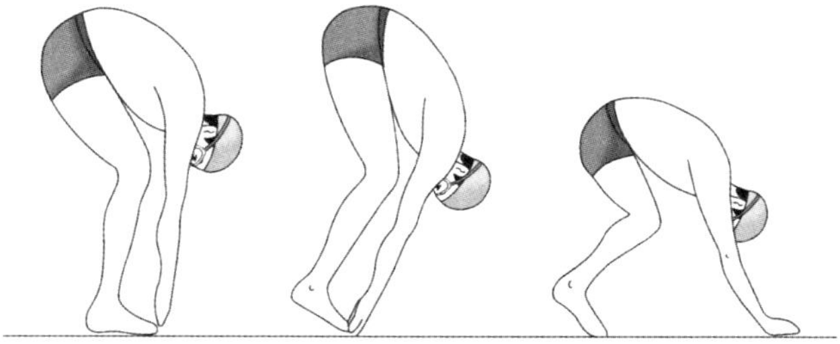

图3-2-77

④台边前倒。站在出发台上，做好抓台出发的预备姿势，由同伴站在后面拉住练习者的髋部。然后，练习者两臂屈肘提拉，身体前倒，使重心垂线前移超出台面，同伴随即用力将其拉回。反复练习，着重体会两臂主动提拉使身体重心前移的要领。如图3-2-78。

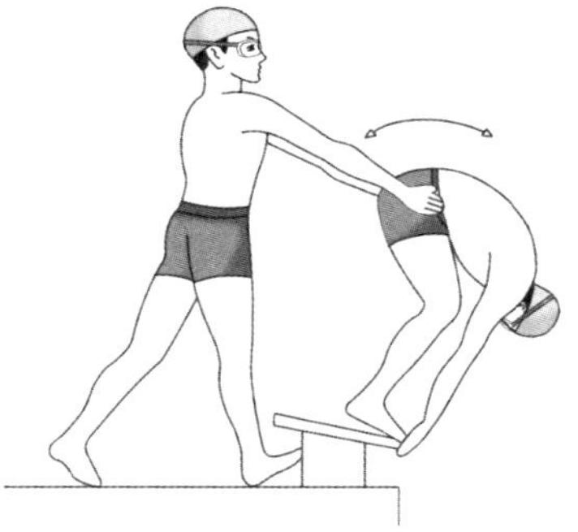

图3-2-78

(2)水中练习。

①蹲在池边蹬跳。蹲在池边，两脚脚趾扣住池沿，两臂前举，头夹于两臂之间。然后，身体慢慢前倒，两腿蹬伸向前跃出，身体伸展成一条直线，以手指领先斜插入水，保持流线型在水下向前滑行。如图3-2-79。

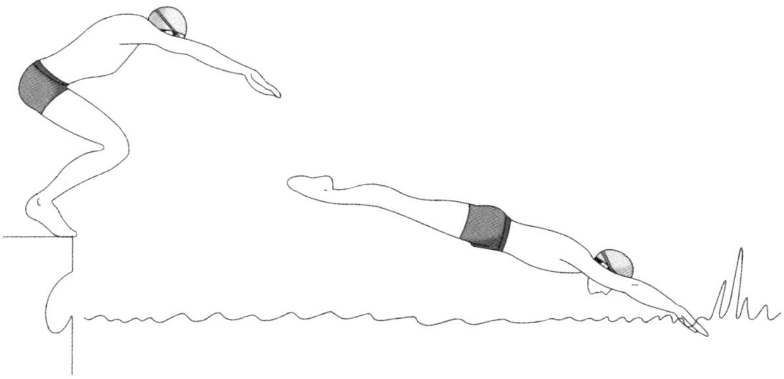

图3-2-79

②立在池边蹬跳。站立在池边，脚趾扣住池沿，两膝稍弯曲，做与“蹲池边蹬跳”相似的动作。要求尽力远跳，腾空后两腿并拢稍上摆。如图3-2-80。

图3-2-80

③立在池边摆臂蹬跳。站在池边，脚趾扣住池沿，两膝稍弯曲，上体前屈，两臂自然下垂，两手按在池边。然后，身体前倒，两臂前摆，两腿用力蹬伸，身体展开向前跃出，以手指领先斜插入水。这个练习十分接近正常的抓台出发，要求着重体会两臂前摆带动身体跃出的要领。如图3-2-81。

图3-2-81

④完整抓台式出发。站在出发台上，做完整的抓台式出发动作，力求做好每一个环节。反复练习，使动作趋于准确、连贯，逐渐增大蹬跳力量，增长腾空和水下滑行的距离。在此基础上，可分别接爬泳、蛙泳或蝶泳的动作向前游进。

⑤完整摆臂式出发。站在出发台上，做完整的绕环摆臂式出发动作。重点体会弧形摆臂带动身体向前跃出的要领。

⑥完整蹲踞式出发。站在出发台上，做完整的蹲踞式出发动作。重点体会预备姿势及双脚依次蹬台向前跃出的要领。

(3)出发台出发的常见错误、产生原因及纠正方法。

学习出发台出发时的常见错误、产生错误的直接原因及纠正错误的方法，见表3-2-4。①

表3-2-4 出发台出发的常见错误、产生原因及纠正方法

常见错误	产生原因	纠正方法
胸腹拍水	1.起跳时抬上体 2.起跳时两腿蹬伸无力 3.腾空后抬头挺胸	1.强调起跳时不要抬上体；腾空时微收腹，头稍低夹于两臂之间；以手指领先入水 2.多做蹲在池边低姿势的蹬跳入水动作，掌握好入水角度 3.身体前倾，在重心垂线超出出发台前沿的一刹那用力蹬地
屈膝入水	起跳腾空后小腿过于放松	1.强调起跳后两腿并拢，大腿前侧肌群紧张使膝关节伸直，绷脚尖 2.多做陆上原地起跳的模仿练习，腾空后两腿并拢伸直
屈髋折体入水	1.蹬跳时身体未充分伸展 2.腾空后过于屈髋，入水时又未展体	1.强调蹬跳时身体充分伸展 2.多做站立池边蹬跳入水的动作，尽量远跳
脚先入水	1.存在恐惧心理 2.做预备姿势时抬头过高 3.起跳时前倒不够，抬上体	1.做蹲在池边低姿势的蹬跳入水动作，逐步消除恐惧心理，增强自信心 2.做好预备姿势，强调上体前屈，臀高于头 3.起跳时强调先倒再跳，不要抬上体 4.通过撑地挺身跳或鱼跃前滚翻帮助体会手低脚高的入水姿势
入水太深	1.入水角过大 2.入水后手臂向前下伸，过于低头	1.强调手臂充分前摆，肩角打开入水 2.多做站立在池边蹬跳入水的动作，掌握好入水角度 3.入水后手腕适当上翘，稍抬头，向前上方滑行

①梅雪雄.游泳(第三版)[M].北京：高等教育出版社，2007:218.

2.仰泳出发。

仰泳出发时头部后仰入水，水容易灌进鼻孔引起鼻呛水。因此，教学中应特别强调在起跳后即用鼻连续均匀缓慢地呼气。

(1)陆上模仿练习。

①摆臂起立成反弓。原地下蹲，低头、两手扶地。然后迅速挺胸抬头，两脚蹬地起立，两臂屈肘经前上摆至头顶伸直并拢，或经侧直臂上摆至头顶并拢，身体充分伸展略成反弓形，体会仰泳出发的起跳及腾空阶段的身体姿势。如图3-2-82。

②肋木上挺身。背向肋木架，双脚蹬在低处的横杠上，两手掌心向前握住头部上方的横杠。然后抬头、挺胸、挺腹、送髋，体会仰泳出发腾空阶段身体的反弓形姿势。如图3-2-83。

图3-2-82

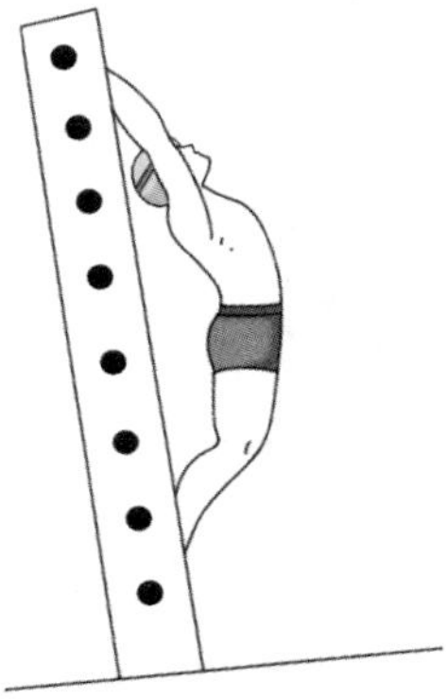
图3-2-83

(2)水中练习。

①蹬壁滑行。面对池壁，两手抓住仰泳出发握手器，屈膝收腿团身，两脚提起贴在近水面的池壁上。然后两手松开摆至头前并拢，身体后倒沉入水中，头稍后仰夹于两臂之间，两腿蹬壁，身体成仰卧姿势在水下向前滑行，滑行中用鼻连续均匀缓慢地呼气，直至脸部露出水面。如图3-2-84。

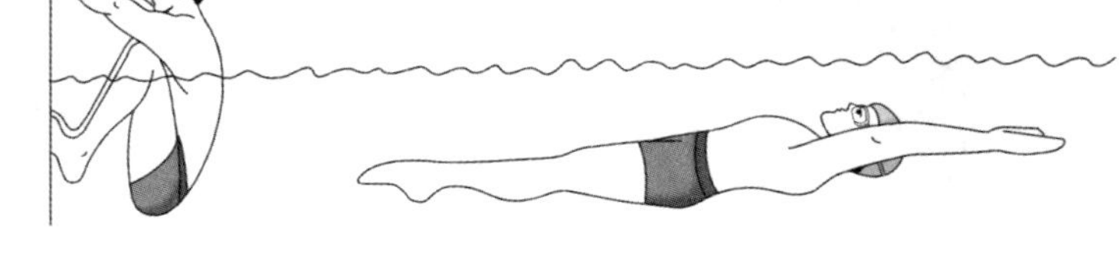
图3-2-84

②蹬底反身跳。原地站立,两臂前举,然后两腿屈膝略下蹲,上体后倒。紧接着两腿用力蹬池底,两臂经上或经侧摆至头前伸直并拢,抬头、挺胸、展腹、挺髋,身体略成反弓形反身跃起,向前滑行,模仿仰泳出发的起跳和入水动作。如图3-2-85。

图3-2-85

③拉手反身跳。练习者双脚站在池壁略低于水面的梯级上,同伴站在池边拉住练习者的手。练习者接着后倒,抬头挺胸,两臂经上摆至头前伸直并拢,两腿用力蹬伸,以反弓形姿势蹬离池壁入水,在水中成流线型向前滑行。做这一练习时应强调向远处跳,避免入水过深。如图3-2-86。

图3-2-86

④完整练习。面对出发台,手握仰泳出发握手器,做完整的仰泳出发动作。反复练习,逐步提高动作质量。在滑行后可接着做仰泳的打腿动作或反海豚式打腿动作,使身体升出水面转入正常的途中游。

(3)仰泳出发的常见错误、产生原因及纠正方法。

学习仰泳出发时的常见错误、产生错误的直接原因及纠正错误的方法,见表3-2-5。

表3-2-5　仰泳出发的常见错误、产生原因及纠正方法

常见错误	产生原因	纠正方法
臀与背部先入水	1.没抬头挺胸，未成反弓形姿势 2.脚触壁点过低	1.强调在摆臂蹬壁展体时，头迅速后仰，挺胸展腹，眼注视泳池另一端，身体成反弓形直至入水结束 2.在离池壁约1.5米处拉一条橡皮筋，要求在腾空和入水时背部、腰部和臀部要越过(不触及)此限制线 3.预备姿势时，脚收紧，胸部贴近大腿
身体入水太深	头过于后仰	1.入水后手臂适当上扬 2.入水后微收下颌

(二)转身技术

1.蛙泳、蝶泳的转身技术。

(1)陆上模仿练习。

①原地模仿转身。面对墙站立，双手扶墙。a.右脚抬起贴在墙上，身体左转，左臂屈肘收回胸前；b.身体向左侧倒，同时向左侧甩头，右臂经头上方向前轮摆，两臂前伸，将头夹于两臂之间，上体随之转为前俯；c.右脚轻蹬墙，向前走出。先按三拍分解练习，初步体会动作后，连贯进行。

②走动模仿转身。离墙数步站立，向前走动着做蛙泳手臂的划水动作，模仿蛙泳转身时的游近池壁和触壁，然后接着做上述“原地模仿转身”的动作。如图3-2-87。

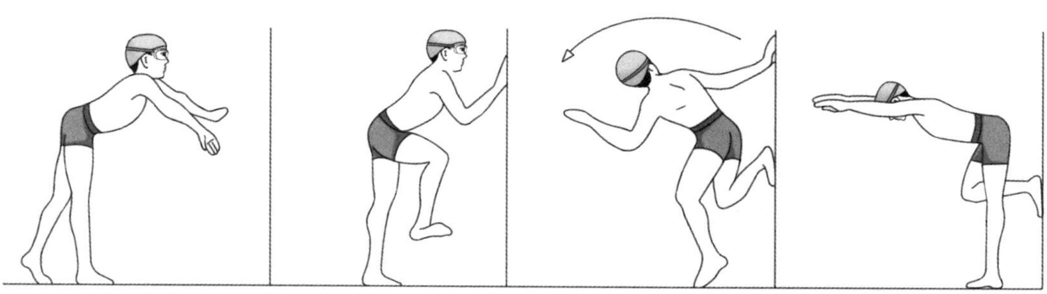

图3-2-87

(2)水中练习。

①原地转身。面对池壁站立，做转体侧倒的动作，同时将一脚提起贴近在近水面的池

壁上。一臂屈肘收回胸前然后前伸，另一臂经空中抡摆，同时甩头。待头、手都入水后，将另一脚也提起贴在池壁上。接着，两脚蹬伸，身体伸直，头夹在两臂之间，身体成流线型在水下向前滑行。

②走动转身。走动中做蛙泳手臂的划水动作，两手触壁后，接着做上述“原地转身”的动作。

③抓边转身。面对池壁站立，两手抓住池边。然后，两臂屈肘，将身体向上拉起，屈膝团身提腿，将两脚贴在池壁上。接着做转体、侧倒、甩头摆臂动作，待上体潜入水中后再蹬离池壁向前滑行。

④游进抓边转身。游近池壁，两手触壁时抓住池边拉引身体，接着做上述“抓边转身”的动作。

⑤水下长划臂和蹬腿。背对池壁站立，深吸气后稍下蹲，身体沉入水中后做蹬壁滑行动作。在滑行中接着做蛙泳转身后水下的一次长划臂和一次蹬腿的动作。做这一练习时要注意保持一定的滑行深度，长划臂和蹬腿都必须在水下完成，身体不要过早上浮，头应该在手臂前伸结束时才露出水面。

⑥完整蛙泳转身。游近池壁，做完整的蛙泳转身动作。通过反复练习，掌握好转身距离，提高动作的连贯性。

⑦完整蝶泳转身。游近池壁，做完整的蝶泳转身动作。蹬离池壁后，在滑行中做多次海豚式打腿动作，使身体向前上方浮出水面，然后接着做蝶泳划臂动作向前游进。

(3)蛙泳、蝶泳转身的常见错误、产生错误的直接原因及纠正错误的方法见表3-2-6。

表3-2-6　蛙泳、蝶泳转身的常见错误、产生原因及纠正方法

常见错误	产生原因	纠正方法
转身时没有抬头换气	单纯求快，动作不完整	1.强调手触壁时抬头吸气，待转体侧倒、甩头摆臂、低头入水后再蹬壁 2.多做抓边拉引身体的转身动作
蹬壁时蹬歪、蹬滑	1.动作过于匆忙，没做好转体侧倒动作就蹬壁 2.提臀不够，双脚贴壁位置不正	1.强调转体侧倒身体正对游进方向后再蹬壁 2.强调屈膝团身收紧腿，侧倒时注意提臀 3.多做面对池壁原地转身的练习

续表

常见错误	产生原因	纠正方法
抬头蹬壁	1.没做好甩头摆臂使头、肩潜入水中的动作 2.提臀不够，双脚贴壁位置低	1.强调做好甩头摆臂动作，使头、肩潜入水中 2.强调在侧倒时提臀，双脚贴近在近水面的池壁上 3.多做压低上体、提高臀部、潜入水中的蹬壁滑行练习
蹬壁无力	1.双手触壁时未屈肘缓冲 2.急于求成，过早推臂	1.强调双手触壁时应屈肘缓冲，使身体继续靠近池壁 2.强调收腿转体后再推臂侧倒 3.强调双脚贴壁后应保持屈髋、屈膝姿势，再用力蹬壁

2.自由泳的摆动式转身技术。

(1)陆上模仿练习。

①原地模仿转身。

面对墙站立。a.一臂划水，另一臂前伸扶墙；b.身体转为侧对墙壁，提触壁手一侧的腿，将脚掌贴在墙上；c.身体侧倒，甩头，触壁的手臂经上摆向游进方向，形成两臂夹住头的姿势；d.随后，身体转成前俯，贴壁脚轻轻蹬壁向前走出。先按三拍分解练习，初步体会动作后，连贯进行。如图3-2-88。

图3-2-88

②走步模仿转身。

离墙数步站立，向前走动着做爬泳时手臂的划水动作，模仿自由泳转身时的动作游近池壁。然后一手触壁，接做上述“原地模仿转身”的动作。

(2)水中练习。

①原地转身。面对池壁站立。a.提一臂抓住池边,身体侧转;b.身体侧倒,两腿轻蹬池底,收腹屈膝提臀,将两脚提起,贴在近水面的池壁上,另一臂在水下前伸;c.甩头,使头、肩没入水中,抓池边的手臂随即经空中摆向头前插入水中,夹在两臂之间;d.两腿蹬伸,身体伸直成流线型在水下向前滑行,逐渐转成俯卧姿势。先按四拍分解练习,初步体会动作后,连贯进行。

②慢速转身。用自由泳动作游近池壁,一臂经空中前摆触壁并用手抓住池边,将身体拉近池壁,身体随之绕纵轴侧转。接着做屈髋屈膝收腿、侧倒、甩头摆臂的动作,另一臂在水下向上拨水帮助身体翻转,使头、肩没入水中。两脚贴壁成侧卧姿势后,两腿用力蹬壁,身体在水下向前滑行,逐渐转成俯卧姿势。注意体会抓边、拉引、侧转、侧倒、甩头摆臂、下沉、蹬壁、滑行的动作顺序。反复练习,逐渐使动作连贯起来。①

③完整转身。游近池壁,做完整的自由泳摆动式转身动作。滑行后先打腿,再接着做划臂动作向前游进。反复练习,掌握好转身距离,提高动作的连贯性。

(3)自由泳摆动式转身的常见错误、产生原因及纠正方法。

学习自由泳摆动式转身时的常见错误、产生错误的直接原因及纠正错误的方法见表3-2-7。

表3-2-7 自由泳摆动式转身的常见错误、产生原因及纠正方法

常见错误	产生原因	纠正方法
空中摆臂的同时蹬壁	身体尚未侧倒沉入水中两腿就开始蹬伸	1.强调手推壁后迅速甩头摆臂、身体侧倒,头、肩入水成侧卧姿势后再蹬壁 2.反复做侧对池壁、身体侧倒、甩头摆臂、低头入水、提臀、脚贴壁后蹬出的动作
蹬壁无力、蹬滑	1.手触壁时未屈肘缓冲,过早推壁 2.身体距离池壁太远 3.两脚贴壁位置不对	1.强调手触壁时应屈肘缓冲,使身体继续靠近池壁 2.强调收腿转体后再推壁侧倒 3.强调双脚贴壁后应保持屈髋、屈膝姿势,再用力蹬壁 4.多做游进抓边转身的练习

①《游泳运动教程》编写组.游泳运动教程[M].北京:北京体育大学出版社,2014:123.

3. 自由泳的前滚翻转身技术。

(1)陆上模仿练习。

垫上前滚翻：垫上蹲撑，然后做低头团身的前滚翻动作。

(2)水中练习。

①绕分道线前滚翻。双手抓分道线，然后绕分道线做屈体前滚翻的动作。反复练习，体会低头、收腹、屈髋、提臂的动作要领。如图3-2-89。

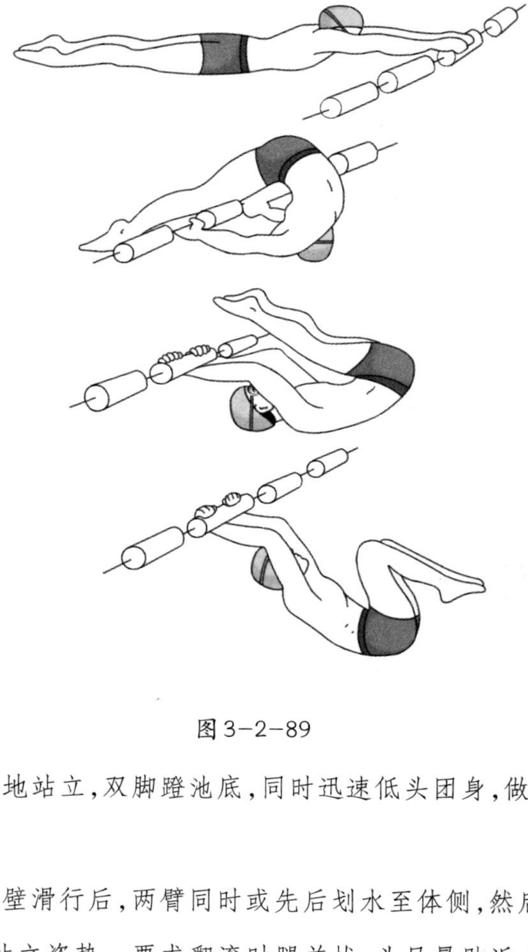

图3-2-89

②原地前滚翻。原地站立，双脚蹬池底，同时迅速低头团身，做前滚翻动作后还原成站立姿势。

③滑行前滚翻。蹬壁滑行后，两臂同时或先后划水至体侧，然后低头、收腹、屈髋、提臂，屈体向前翻滚后成站立姿势。要求翻滚时腿并拢，头尽量贴近大腿，脚提出水面后迅速屈膝后甩。如图3-2-90。

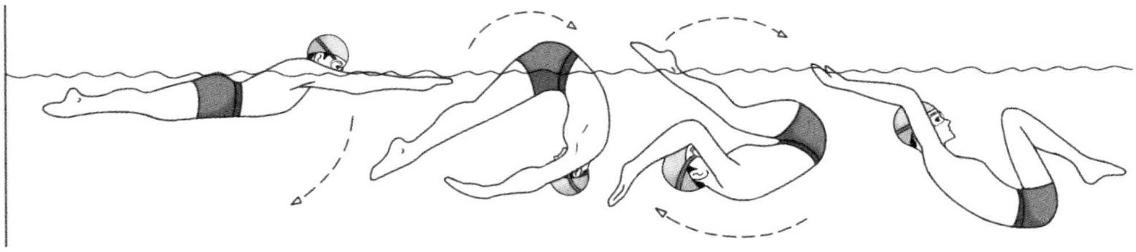

图3-2-90

④帮助下转身。练习者右臂前伸，左臂置于体侧，打腿游近池壁。帮助者站在侧面，左手握住练习者右腕向下拉，右手向上轻托练习者腹部，帮助练习者完成低头提臂向前翻滚的动作。当练习者身体翻转过来之后，帮助者继续拉着练习者的右手腕并略往自己站立的方向牵引，帮助练习者甩腿至双脚贴壁并绕纵轴转成侧卧姿势。练习者随之蹬壁并继续转成俯卧姿势向前滑行。如图3-2-91。

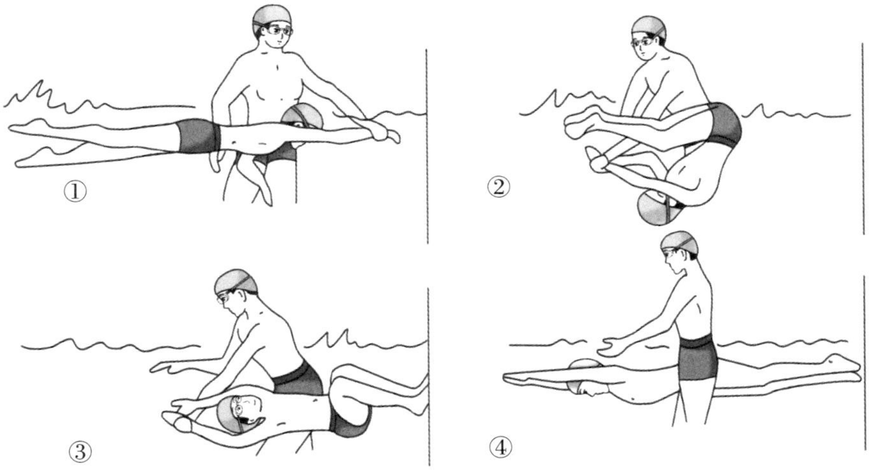

图3-2-91

⑤正前滚翻后再转体。游近池壁，两臂先后划水至体侧，迅速低头收腹屈髋提臂做一个正前滚翻，双脚贴壁时身体成仰卧姿势；两腿随之蹬伸，在蹬壁和滑行过程中身体绕纵轴旋转180°，成俯卧姿势。如图3-2-92。

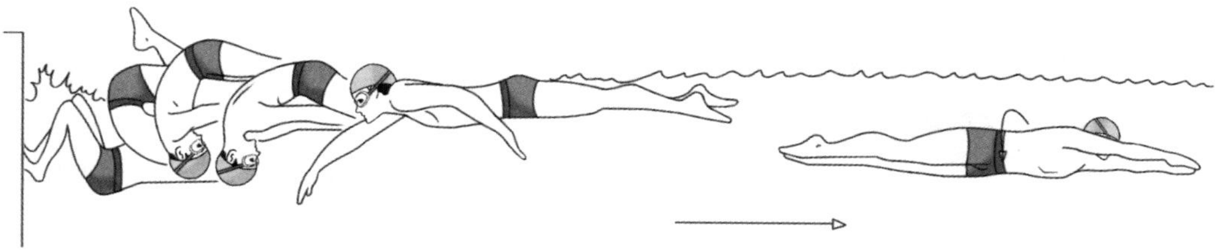

图3-2-92

⑥完整转身。游近池壁，做完整的前滚翻转身动作。蹬壁滑行后接着做打腿和划水动作，转入正常途中游。反复练习，掌握好转身距离，使动作趋于熟练、连贯、快速。

(3)自由泳前滚翻转身的常见错误、产生原因及纠正方法。

学习自由泳前滚翻转身时的常见错误、产生错误的直接原因及纠正错误的方法，见表3-2-8。

表3-2-8　自由泳前滚翻转身的常见错误、产生原因及纠正方法

常见错误	产生原因	纠正方法
滚翻不过来	1.低头团身收腹提臀不够 2.身体翻转后过早展体	1.强调低头团身收腹提臀动作要快，头、胸贴近大腿，翻转后上体升至水面附近再蹬壁 2.多做绕分道线前滚翻、原地前滚翻、滑行前滚翻等练习 3.由同伴帮助练习前滚翻转身
蹬壁时蹬歪、蹬滑	1.距离池壁太近 2.滚翻不正，双脚贴壁位置不对	1.找准开始转身动作的位置 2.强调头、肩下潜方向要正，滚翻后待双脚贴好池壁再蹬壁 3.多做先正前滚翻，在蹬壁和滑行中再侧转成俯卧姿势的动作
蹬壁无力	距离池壁太远	准确判断距离，若发现离壁太远，可多做几次打腿，使身体靠近池壁

4.仰泳的平转身技术。

(1)陆上模仿练习。

背对墙模仿转身。背对墙原地站立，挺胸仰头，一臂向前摆起在异侧肩的上方触壁。随后转体180°面向墙，将一脚提起贴在墙上，然后轻轻蹬出。

(2)水中练习。

①游进中水平旋转。在正常仰泳游进中,一臂经空中摆向异侧肩前,然后向侧面划水,同时迅速团身屈膝收腿,身体水平旋转180°后展体,继续以仰泳游进。这一练习可以帮助初学者很好地体会身体俯卧、水平旋转的动作要领。

②抓边转身。一臂在头前伸直,另一臂贴于体侧,仰卧打腿游近池壁。手触壁后团身屈膝收腿,转身抓住池边拉引身体,并将两脚贴在池壁上。然后上体后倒,两臂向前头伸出,两腿蹬伸,身体成仰卧姿势在水下向前滑行。如图3-2-93。

图3-2-93

③斜向游进转身。一臂在头前伸直,另一臂贴于体侧,做仰泳打腿动作,斜向游近池壁。手触壁后推拨池壁使身体转正,同时迅速团身屈膝收腿,将两脚蹬在池壁上。然后两臂向头前伸出,成仰卧姿势蹬出。如图3-2-94。

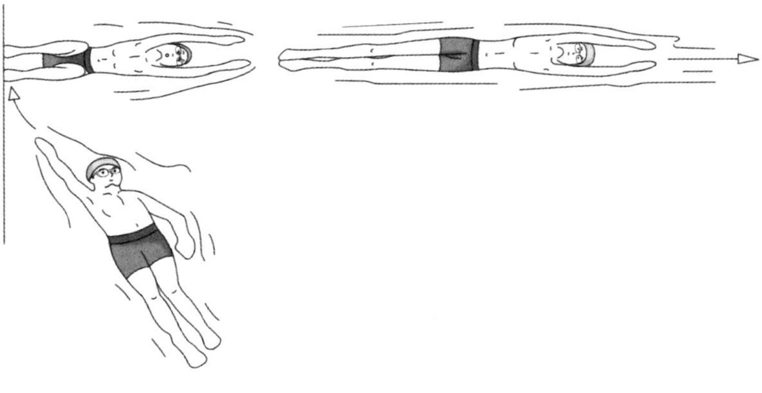

图3-2-94

④完整转身。以正常仰泳动作游近池壁,做头出水的完整平转身动作。通过反复练习,掌握好转身距离,提高动作的连贯性。在此基础上,练习头不出水的平转身动作,要求在手触壁前做一次深吸气,在转身和头没入水中的全过程中,用鼻均匀、缓慢地呼气。

(3)仰泳平转身的常见错误、产生原因及纠正方法。

学习仰泳平转身时的常见错误、产生错误的直接原因及纠正错误的方法，见表3-2-9。

表3-2-9 仰泳平转身的常见错误、产生原因及纠正方法

常见错误	产生原因	纠正方法
不能完成平转180°的动作，蹬壁时蹬歪、蹬滑	1.触壁时手臂向异侧摆动不够 2.团身不紧 3.触壁的手臂推拨无力	1.强调触壁时手臂向异侧肩前摆动，平转时团身要紧 2.多做斜向游进转身的动作，平转时触壁的手用力推拨池壁 3.平转后双脚贴好池壁，身体转为正对游进方向后再蹬壁
蹬壁时身体浮出水面	1.转身时上体过于抬起 2.转身后上体尚未沉入水中就急于蹬壁	1.强调转身时团身收紧腿，不要抬上体 2.强调转身后上体后仰沉入水中，与水面平行时再蹬壁 3.在水下多做仰卧蹬壁滑行的动作

5.仰泳的前滚翻转身技术。

(1)陆上模仿练习。

后退模仿转身。边后退边做仰泳划臂动作。在一臂划动时向同侧转体180°，另一臂随之做自由泳的划臂动作。两臂相继划到大腿边时，迅速做一个低头前俯的动作。

(2)水中练习。

①后退转体前滚翻。在齐胸深的水中边后退边做仰泳划臂动作。在一臂划动时向同侧转体180°，另一臂随之做自由泳的划臂动作。两臂相继划到大腿边时，两脚蹬池底，迅速低头团身，做一个原地前滚翻动作后站立。

②游进转体前滚翻。以正常仰泳动作游进。在一臂划动时向同侧转体180°，另一臂随之做自由泳的划臂动作。两臂相继划到大腿边时，迅速低头收腹屈髋提臀，做一个前滚翻动作后站立。

③完整转身。以正常仰泳动作游近池壁，做完整的前滚翻转身动作。反复练习，掌握好转身距离，提高动作的协调性和连贯性。如图3-2-95。

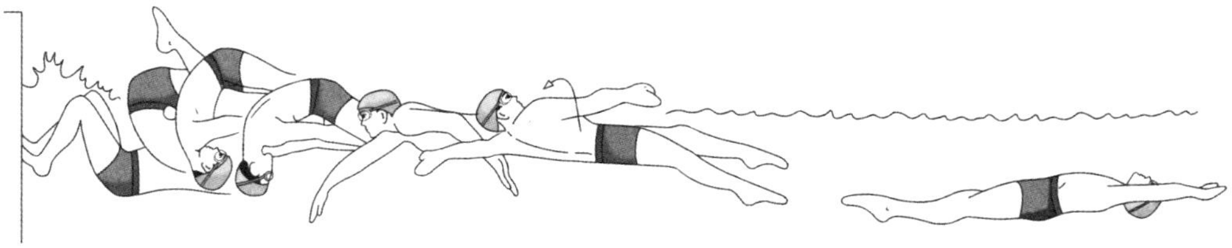

图 3-2-95

(3)仰泳前滚翻转身的常见错误、产生原因及纠正方法。

学习仰泳前滚翻转身时的常见错误、产生错误的直接原因及纠正错误的方法，见表 3-2-10。

表 3-2-10　仰泳前滚翻转身的常见错误、产生原因及纠正方法

常见错误	产生原因	纠正方法
转身动作不连贯	转体动作与向正前滚翻动作脱节	1.强调身体转成俯卧姿势、两臂划到大腿边后，立即低头收腹屈髋提臀，做向正前滚翻的动作 2.多做陆上后退模仿转身、水中后退转体前滚翻、游进转体前滚翻的动作，使转体、滚翻紧紧相连
蹬壁无力或蹬空	转身时距离池壁太远	准确判断距离，在适当位置开始做转体动作

六、游泳运动的训练方法

游泳训练，从内容上可以分为身体训练、技术训练、战术训练、心理训练、智能训练和恢复训练；从时间上可以分为一般准备期训练、专门准备期训练、赛前训练和过渡期训练；从形式上可以分为水上训练和陆上训练。本节主要介绍水上训练和陆上训练。

(一)水上训练

游泳训练的主体是水上训练。常用的水上训练方法有以下几种。

1.持续训练法。

持续训练法是指采用较长的距离，用中、小强度，不间断地连续进行练习的方法。例如，连续游 800 米、1500 米、3000 米或更长的距离。这种练习可以匀速进行，也可以变换速度进行。

持续训练法的特点是一次连续练习的量较大，时间较长，强度不太大但比较稳定，约

为个人最好成绩或目标成绩的60%~80%。持续训练法可以有效地发展心血管系统和呼吸系统的机能，使心腔容积增大，每搏输出量增加，提高呼吸肌的耐力，提高体内氧的利用率。持续训练法属于糖原有氧代谢的训练，由于运动时间长，消耗的糖原多，经过训练后的超量恢复，可以有效地增加肌肉中的糖原储备，提高氧化酶的活性。所以这种训练能比较稳定地发展有氧代谢供能的能力，为其他形式的训练打下牢固的耐力基础。此外，进行持续训练时，游进速度较慢，有利于运动员集中注意力来巩固和改进技术。①

持续训练法在训练的各个阶段中都能运用，但一般在训练周期的早期采用得较多。在实际运用时，应注意循序渐进，逐渐增加练习距离。

2.间歇训练法。

间歇训练法是指在一组某一距离的反复游中，在一次练习之后，按照严格规定的间歇时间休息，在机体尚未完全恢复的情况下就开始下一次练习的方法。在实际运用时，应注意循序渐进，逐渐增加练习距离。

间歇训练法的特点是运动与休息交替进行，而休息有严格规定的时间。练习的距离较短，强度可以较高。进行间歇训练时，运动员往往带着因训练而引起的、尚未完全消除的疲劳和氧债开始下一次的练习，因而对心肺功能、能量代谢技能、骨骼肌的抗疲劳能力都有良好的影响。在间歇期间，一系列生理机能都积极活跃起来，尤其是血液循环和呼吸系统的活动加强，心率虽有下降，但每搏输出量达到最大值，所以间歇训练是提高心血管系统机能的良好刺激。

间歇训练一般采用主项距离或短于主项的距离。与持续训练相比，它能在相同的时间内使运动员承受更大的负荷。由于每次练习身体机能之后有一定的恢复，在训练强度相同的条件下，它又能使运动员工作更长的时间。间歇训练可以在较大的跨度范围内提高运动员的有氧耐力和无氧耐力。间歇训练主要有以下一些具体方法。

(1)慢速间歇训练。

这种练习采用慢于比赛的速度，间歇时间短于练习所用的时间，心率恢复不多就开始下一次练习。例如，某运动员200米自由泳比赛成绩为2分04秒，平均每50米的成绩为31秒。采用30个50米自由泳，要求每个50米用37秒完成，间歇10秒，使每次练习后的心率恢复到每分钟140次左右。

①梅雪雄.游泳(第三版)[M].北京:高等教育出版社,2007:270.

慢速间歇训练以发挥糖原的有氧氧化功能为主，主要用于提高心血管系统的机能，发展一般有氧耐力。

(2)快速间歇训练。

这种练习的距离短于比赛的距离，练习的速度超过比赛的速度，间歇时间较长，心率恢复得较充分。例如，同为上例的运动员，仍采用30个50米自由泳，但要求每个50米用30.50秒完成，间歇40秒，使每次练习后的心率恢复到每分钟120次左右。

快速间歇训练是有氧和无氧混合供能的训练，主要用于发展速度耐力。

(3)包干间歇训练法

这种练习是只规定一个总时间，包括工作时间和间歇时间。其特点是间歇时间不固定，强度高、速度快时，间歇时间长；强度低、速度慢时，间歇时间短。这种方法便于同时训练多名运动员，也有利于调动运动员练习的积极性。例如，20个50米自由泳，每个50米用21分钟包干。

(4)改变间歇时间的间歇训练。

这种方法每次练习的距离不变，强度不变，但间歇时间逐次缩短或逐次延长。例如，8个200米自由泳，要求每个200米用2分20秒完成，第一次间歇1分30秒，以后每次间歇时间缩短5秒。

(5)变换距离的间歇训练。

这种方法每次练习的间歇时间不变，但距离不固定。距离的变换主要有三种形式：

①上梯形，练习距离由短到长，如50米→100米→150米→200米；

②下梯形，练习距离由长到短，如200米→150米→100米→50米；

③梯形，训练距离由短到长，再由长到短，如50米→100米→150米→200米→150米→100米→50米。

(6)变换强度的间歇训练。

这种方法每次练习的距离不变，间歇时间不变，但强度有变化。例如，20个50米自由泳，间歇20秒，一趟快，一趟慢。

这种训练中比较典型的是负分段训练，即每次练习的强度逐步提高，越游越快。例如，10个50米自由泳，间歇30秒，要求第一趟成绩为34秒，以后每趟逐次减少0.50秒，即开始用中等速度游，最后全力游。这种训练从有氧代谢逐步过渡到无氧代谢，是一种综合性训练手段，不仅在生理上，而且在心理上都给运动员以良好影响，因此在训练中运用得比较广泛，但要求运动员必须具备良好的耐力基础。

(7)以心率恢复为标准的间歇训练。

这种方法并不预先规定间歇时间，而只规定每次练习后心率恢复的标准。例如，10个100米自由泳，要求每个100米都全力游；每次练习后，当心率恢复到每分钟120次时，就开始下一次练习。

进行间歇训练时，在间歇期间，运动员一般应在水中进行积极性的休息，如放松慢游、放松肌肉及深呼吸等，以使身体更快地适应训练要求。

3.重复训练法。

重复训练法是指按规定的强度，反复进行某一距离的练习，每次练习后的休息时间必须使机体工作能力基本恢复的方法。例如，以100米为主项的运动员，采用10个100米，用稍低于比赛的速度游，间歇5分钟；或者采用16个50米，100%强度，间歇3分钟。

重复训练法通常采用主项距离或短于主项距离，练习强度高，可达90%~100%，即接近或等于比赛的速度，重复次数少，练习密度低，休息时间长，可保证运动员的身体机能得到较充分的恢复。重复训练是以强度为中心的训练，如采用较长距离的重复游，则强度稍低，可以增强体内糖原无氧酵解供能的能力，提高机体尤其是脑细胞耐受高乳酸的能力，主要用于发展速度耐力。如采用50米以下的距离进行重复游，则可以提高体内高能磷酸原系统的无氧非乳酸供能能力，主要发展速度和肌肉力量。

重复训练是提高训练强度的主要方法，主要应用于准备期的后期和赛前减量期。由于是在速度较快但有所控制的情况下进行练习，它可以增强速度感，使运动员在类似比赛的练习中学会掌握速度和分配体力。重复训练对运动员机体各方面的机能要求都较高，容易引起疲劳积累，因此应注意分散安排，不要过于集中，一般以一周1~2次为宜。在训练之后，应注意安排放松练习，以加快疲劳的消除。

4.短冲训练法。

短冲训练方法是指运动员以最高速度全力游较短距离的方法。例如，10个15米，10个25米，4个50米等。

短冲训练法的练习距离短，一般不超过75米，练习时间短，一般不超过35秒，是一种最大强度的训练，可以看作超短距离、较长间歇的重复训练。要求运动员在练习中全力以赴，练习的间歇应使心率恢复得更接近安静时的水平。在练习中，主要依赖于高能磷酸原系统和糖原无氧酵解供能。距离越短，速度越快，对高能磷酸原系统直接供能的能力依赖性越强。短冲训练可以有效地增加肌肉中高能磷酸原的储备量，提高无氧代谢酶的活性，从而提高无氧代谢的能力，主要用于发展绝对速度和肌肉力量。

短冲训练可以迅速提高运动员的兴奋性，肌肉紧张与放松快速交替，对神经系统的灵活性也是一个很好的锻炼。不同主项距离的运动员在训练的不同时期，都应适当进行短冲训练来提高速度，且应在训练的后期和赛前减量期用得更多些。运用短冲训练法时，应根据运动员的技术水平和训练水平选择合理的重复次数。侧重于发展速度能力的短冲训练一般安排在训练课的前面部分，即准备活动之后；侧重于发展最后冲刺能力的短冲训练多安排在训练课的后面部分。短冲训练耗能大，易导致机体代谢产物堆积和神经系统疲劳。因此，在训练间歇时间内和训练后，要注意采用积极性恢复手段，加快消除代谢产物，缓解中枢神经系统的疲劳。

（二）陆上训练

现代竞技游泳运动要求运动员除需具备良好的形体条件和掌握合理的技术外，还需具备全面的身体素质和突出的专项体能。游泳的陆上训练在帮助运动员发展肌肉力量和关节柔韧性方面效果显著，已成为游泳训练的重要组成部分。

1.发展力量的方法。

力量是游泳运动员极其重要的素质。游泳运动员的力量，可分为一般力量耐力、快速力量耐力、爆发力和最大力量等。在进行力量训练时，为了取得最佳训练效果，一方面要尽量使练习动作与游泳动作一致，包括动作结构一致和动作速率一致；另一方面要使训练手段符合专项的能量代谢特点。

力量训练的基本原则是：①重量轻、重复次数多的练习主要发展一般力量耐力，采用极限负重的40%~60%，每组持续练习2~5分钟；②重量中等、重复次数较多的练习主要发展快速力量耐力，采用极限负重的50%~70%，每组以等于或快于比赛动作的频率持续练习30秒~3分钟；③重量大、重复次数较少的练习主要发展爆发力，采用极限负重的70%~90%，每组重复8~10次；④重量很大、重复次数少的练习主要发展最大力量，采用极限负重的90%~100%，每组重复1~3次。

目前，在游泳训练中常运用杠铃、拉力器及各种专门器械来发展划臂、打腿所需的肌肉力量。

(1)杠铃练习。

①力量推。两脚自然开立,两手与肩同宽正握杠铃,将其提至胸前,用力伸臂将杠铃上举至头上,然后放下,反复进行。该练习主要发展胸大肌、三角肌、斜方肌、前锯肌和肱三头肌的力量。如图3-2-96。

②颈后臂屈伸。两脚自然开立,两臂正握或反握杠铃,将其提至颈后,屈肘,随之用力伸肘将杠铃向上举起,然后屈肘恢复预备姿势,反复进行。练习时两臂固定于头的两侧,上体尽量保持不动。该练习主要发展肱三头肌的力量。如图3-2-97。

图3-2-96

图3-2-97

③仰卧直臂拉起。仰卧,两手在头后方握杠铃,直臂用力将杠铃向上拉起至垂直部位,然后恢复预备姿势,反复进行。该练习主要发展胸大肌、三角肌和背阔肌的力量。如图3-2-98。

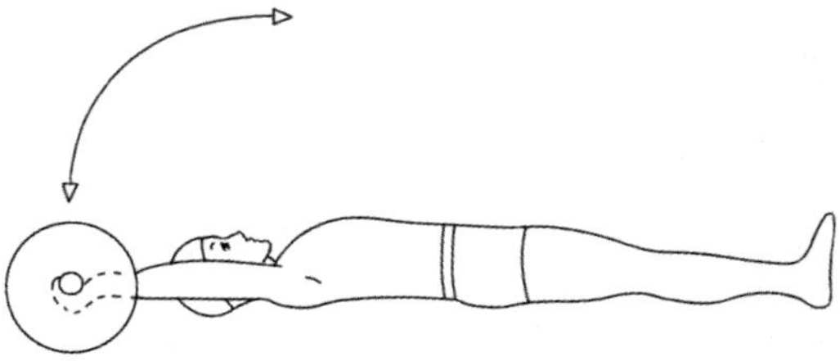

图3-2-98

④卧推。仰卧在卧推架上,两手握杠铃,将杠铃放在胸部,然后两臂用力将杠铃推起,反复进行。该练习主要发展胸大肌、三角肌前部、斜方肌、前锯肌和肱三头肌的力量。如图3-2-99。

⑤蹲跳。两脚自然开立,将杠铃放在后肩上,两手握住杠铃,稍下蹲后迅速蹬地向上

跳起，落地时屈膝缓冲，反复进行。该练习主要发展股四头肌、臀大肌及屈足肌群的力量。如图3-2-100。

图3-2-99

图3-2-100

(2)拉力器练习。

①橡皮拉力带练习。原地站立、俯卧或仰卧在凳上，用自由泳、仰泳、蛙泳、蝶泳等划臂动作拉橡皮拉力带。

②滑轮拉力器练习。用钢丝绳通过滑轮挂上重砝码，做类似橡皮拉力带的各种练习，重量可调整。

③滑板拉力器练习。在滑板拉力器上练习，通过调整滑板角度来调整负荷，其用力接近游泳实际情况，训练效果较好。

(3)等动练习器练习。

在各种等动练习器上进行力量练习。由于等动练习器产生的阻力总是与用力大小或动作速度相一致，能在动作的全过程中都给肌肉以相应的阻力，故训练效果较好。这是当前高水平运动员在训练中常用的方法。

(4)联合器械练习。

在各种联合器械上进行练习，发展游泳的有关肌肉力量。

2.发展柔韧性的方法。

柔韧素质是游泳运动员的重要素质。关节柔韧性的好坏，直接影响划臂和打腿的效果。对游泳运动员来说，肩关节和踝关节的灵活性最重要，应重点发展肩和踝的柔韧性。

(1)发展肩关节的柔韧性。

①压肩。两脚开立，上体前倾，双手扶肋木做压肩动作。如图3-2-101。

②拉肩。两脚开立,两手在身后抓肋木,身体下蹲,做拉肩动作。如图3-2-102。

③反臂体前屈。原地站立,两脚并拢伸直,两臂伸直,双手在背后相握。身体前屈,胸部尽量贴近大腿,两臂随身体前屈而后伸下振。可由同伴加力拉肩。如图3-2-103。

④后拉肩。跪于垫子上,两臂伸直侧举,由同伴抓住两手腕水平向后拉,向内压,轻轻振动。如图3-2-104。

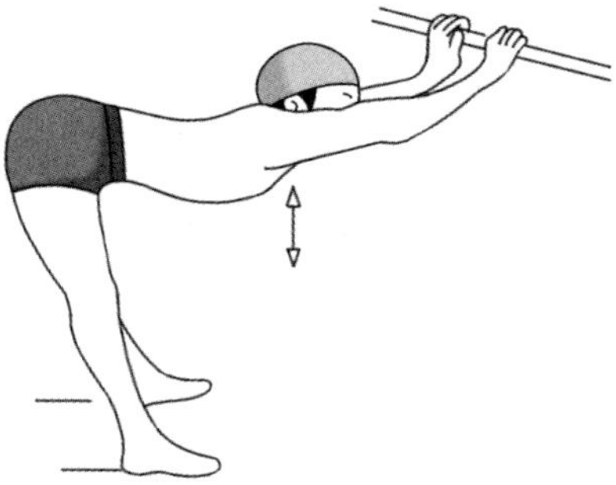

图3-2-101

图3-2-102

图3-2-103

图3-2-104

(2)发展踝关节的柔韧性。

①跪撑翻脚压踝。跪在垫子上,两脚外翻,脚充分背屈,以小腿和脚的内侧贴地,两手在体后撑地,身体上下振动压踝。如图3-2-105。

②跪压踝。跪在垫上,脚尖绷直,臀部坐在足跟上压踝;两手撑地,两臂伸直提双膝压踝;身体后倒躺于垫子上压踝。如图3-2-106。

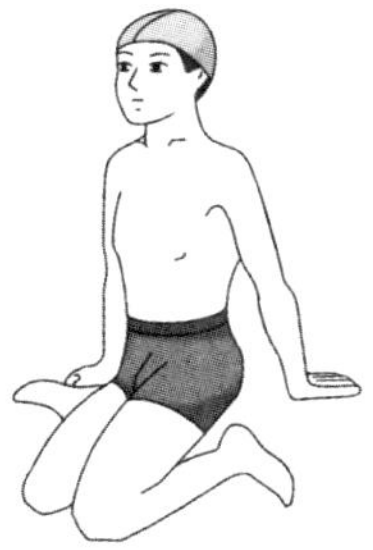

图 3-2-105

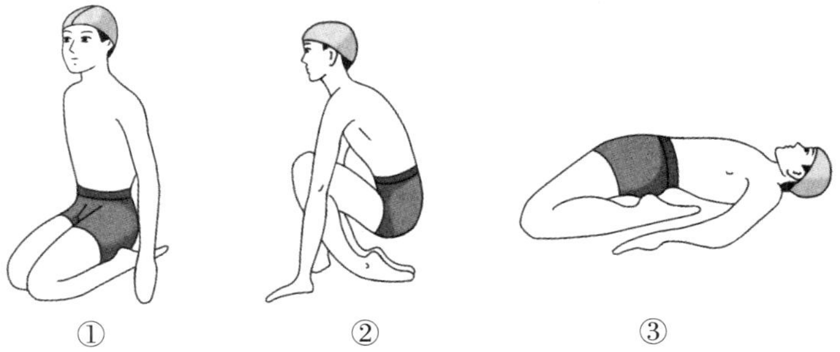

图 3-2-106

(3)发展腹背的柔韧性。

①俯卧后拉。俯卧于垫子上，上体后仰，两臂后伸。同伴坐在小脚上，握其双手缓慢并有弹性地向后拉。如图 3-2-107。

②俯卧挺身。俯卧于垫子上，勾小脚，两手握踝。然后，上体和腿尽量上提，身体成弓形。如图 3-2-108。

③仰卧成“桥”。仰卧于垫子上，臂、腿弯曲，手、脚撑在垫上。然后，臂、腿撑起，腰腹上挺成桥的形状。如图 3-2-109。

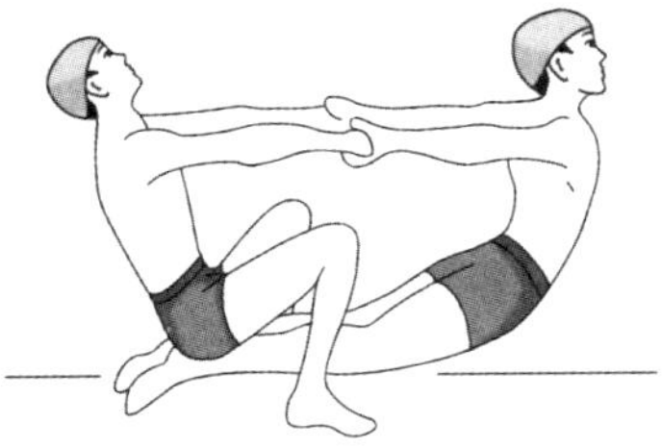

图 3-2-107

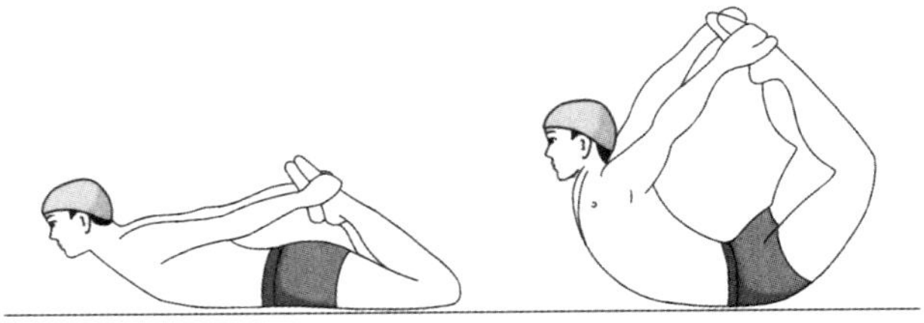

图 3-2-108

图 3-2-109

七、游泳运动的训练计划

游泳运动训练是一个长期的过程，需要很多年的训练。游泳运动员的训练计划包括多年计划、年度训练计划、赛季训练计划、周训练计划以及日训练计划。本节主要制订周训练计划。

周训练计划的制订主要包括两个方面。一方面,包括所有必需的训练类型,并确定各类型训练适当的训练量;另一方面,本着让运动员从这些不同类型的训练中得到最大收益的原则,周训练计划要确定好各训练类型在一周内进行的先后顺序。①

制订周训练计划的原则如下。

1.每一周的训练计划都应该包括所有类型的训练:耐力、爆发力和恢复训练。各类型训练的训练量和训练强度取决于所属大周期和中周期训练。

2.在针对耐力或爆发力的训练时期,每周至少安排3~4次主要的强度耐力训练和爆发力训练;在针对非耐力或爆发力的训练时期,每周至少安排2次主要的强度耐力训练或爆发力训练。这些主要的训练应该贯穿于整个星期进行,以保证有足够的时间来恢复糖原和修复组织。

典型的周计划是从星期一到星期五每天训练2次,星期六训练1次。安排周计划有两种方法,一种是交替法,每隔24~36小时安排一次速度耐力训练或较长的无氧训练;另一种为组合法,即连着安排2个这种练习,之后安排36~48小时的恢复时间。

(一)用交替法安排周训练计划

表3-2-11是交替法安排的周训练样例。因为速度耐力训练和无氧训练需要消耗更多的肌糖原,所以首先安排速度耐力训练,可安排在星期一下午、星期三上午、星期四下午和星期五下午。星期六上午进行比赛能力的训练,之后就可以休息一天半。这样安排就可以有36小时使肌糖原得到补充。其他时间安排了较短的速度训练、基本技术训练和基础耐力训练。4次速度训练分别安排在肌糖原得以部分恢复时,即星期一和星期五上午、星期二和星期三下午,这样可以保证速度。这些内容对机体刺激不是太大,对肌糖原的消耗也不多,因此,也可以安排在其他时间。

①《游泳运动教程》编写组.游泳运动教程[M].北京:北京体育大学出版社,2014:259.

表3-2-11 以交替法安排的周训练计划(每天训练2次)

时间	星期一	星期二	星期三	星期四	星期五	星期六
上午	基础耐力 短冲	基础耐力	速度耐力	基础耐力	基础耐力 短冲	比赛能力
下午	速度耐力	基础耐力 短冲	基础耐力	速度耐力	速度耐力	

这样安排主要训练内容,就不会影响在其他时间安排短冲训练或中等数量的基础耐力训练。一些特殊的速度练习手段,如顺势速度牵引等也可每周安排2~3次。

(二)用组合法安排周训练计划

表3-2-12是采用组合法安排的一种周训练计划。速度耐力训练和比赛能力训练安排在两次连续进行的训练课中,之后有36~48小时的时间可以补充肌糖原。速度耐力训练和比赛能力训练分别安排在星期一的上午、下午,星期三下午和星期四上午,以及星期五下午和星期六上午。短冲训练安排在星期二、星期四和星期五下午。基础耐力训练安排在星期二上午和下午、星期三上午、星期四下午以及星期五上午。

表3-2-12 以组合法安排的周训练计划(每天训练2次)

时间	星期一	星期二	星期三	星期四	星期五	星期六
上午	速度耐力	基础耐力	基础耐力	比赛能力	基础耐力	比赛能力
下午	速度耐力	基础耐力 短冲	速度耐力	基础耐力 短冲	短冲速度 耐力	

1.怎样结合自身实际来增强水感?谈谈你的想法。

2.当你在学习游泳的过程中遇到动作误区时自己应该怎么样来调整?

3.蝶泳、仰泳、蛙泳、自由泳四种泳式有哪些区别与联系?

4.你认为在学习游泳的过程中能够让你尽快提高技术的突破点在什么地方?

第四章

游泳比赛规则与技术等级标准

第一节 游泳运动比赛规则

一、裁判员

游泳裁判必须按照国际游泳联合会(简称“国际泳联”)的游泳规则与该场游泳竞赛的规程推动赛程,监察、督导参赛选手依循合法、合理手段,进行公正、公平的竞赛。游泳裁判是在包含蝶泳、仰泳、蛙泳、自由泳四种泳式的竞赛中担任监督与执行法规的人员。

(一)裁判员设置

(1)采用人工计时的比赛,裁判员设置如下:

总裁判 1人,副总裁判1~4人;

技术检查员 4人;

发令员2~3人;

转身检查长 2人(终点端和转身端各 1人),转身检查员每条泳道两端各 1人;

计时长1人,副计时长1~2人,计时员每条泳道3人(其中1人由终点端转身检查员兼任);

编排记录长1人,副编排记录长1~2人,编排记录员 4~8人;

检录长1人,副检录长1~2人,检录员5~8人;

宣告员1~2人;

替补裁判员2~4人。

(2)采用自动计时装置而未使用录像计时系统时,须使用半自动计时装置或人工计时作替补,需增设自动计时长1人,自动计时员1~2人。

(3)未采用自动计时装置时,可配备终点裁判长1人、副终点裁判长1人、终点裁判员若干人。

(4)基层比赛的裁判员人数可根据比赛的具体条件安排。

(二)裁判员职责

1.总裁判与副总裁判的职责。

(1)总裁判在组委会和技术代表领导下,全面领导和分配全体裁判员的工作,并明确各裁判员的职责和任务。

(2)总裁判应严格执行比赛规程和比赛规则,解决比赛中的有关问题,并可决定规则中未详尽或没有明文规定的事项,但不能修改规程和规则。

(3)总裁判可随时干预比赛,裁定比赛过程中的各种异议,以保证规程和规则得以执行。

(4)当终点裁判员判定的名次与计时员计取的成绩不一致时,由总裁判决定名次。

(5)为保证比赛顺利进行,总裁判可随时指派替补裁判员上岗工作,在必要时有权撤换不称职的裁判员。

(6)总裁判根据自己的观察或其他裁判员的报告,有权取消犯规运动员的比赛资格或录取资格,但出发抢跳犯规必须由发令员和总裁判同时观察并确认。

(7)总裁判应于比赛前检查场地、器材是否符合规则的规定。

(8)在每项、每组比赛开始时,总裁判应用连续的短哨声示意运动员脱外衣,然后用长哨声示意运动员站到各自的出发台上(仰泳项目和混合泳接力项目第一棒的运动员应立即下水,在总裁判发出第二声长哨时,应迅速游回池端做好出发准备)。当所有运动员和裁判员都做好准备时,总裁判用向外平伸手臂的动作示意发令员准备发令,待发令结束后总裁判再收回手势。

(9)各项、各组的比赛成绩须经总裁判签名确认。

(10)总裁判有权取消任何泳装或身体符号不符合规定的运动员的比赛资格或录取资格。

(11)副总裁判协助总裁判工作。总裁判、副总裁判可轮流担任各场比赛的执行总裁判。每场比赛设两名执行总裁判,履行该场比赛总裁判的职责。

2. 编排记录长、副编排记录长与编排记录员的职责。

(1)编排记录长负责领导和分配编排记录员的工作;负责检查和核对每项比赛的成绩、名次,并提请总裁判在成绩单上签名。副编排记录长协助编排记录长工作。

(2)编排记录员在比赛前,应根据规程、规则、报名单、比赛日程及有关材料,编排比赛秩序,印制裁判工作所需的各种表格。

(3)编排记录员负责在每场比赛前接收该场各项接力棒次表。

(4)编排记录员在比赛中,要准确地记录和及时公布每组、每项比赛成绩;及时统计和公布新创纪录、团体总分等。预赛、$\frac{1}{4}$决赛后，按成绩编排半决赛、决赛秩序。

(5)编排记录员在比赛结束后，应尽快编制成绩册，经总裁判、副总裁判签名后送交组委会。

3.检录长、副检录长与检录员的职责。

(1)检录长负责领导与分配检录员的工作。副检录长协助检录长工作。

(2)检录员负责布置检录处，赛前核对运动员比赛卡片。

(3)检录员负责检查运动员的泳装是否符合规定、广告标识是否符合组委会的要求。

(4)检录员在每组比赛前负责点名，并带领运动员入场。及时向检录长和总裁判报告未参加检录的运动员名单。比赛完毕后，带领运动员离场。颁奖时，负责召集和引导工作。

(5)检录员负责管理、培训参与检录工作的志愿者。

4.发令员的职责。

(1)发令员应站在游泳池的侧面，在离出发端5米以内处发令。确保发令时能使运动员和计时员都听到或看到出发信号。

(2)发令员负责由总裁判发出手势信号后至比赛开始期间的运动员管理工作。

(3)发令员有权判定运动员出发时是否犯规，如要取消运动员的比赛资格或录取资格，须经总裁判同意。

(4)当发现运动员延误比赛、蓄意不服从命令或在出发时有任何犯规行为，发令员应向总裁判报告，由总裁判决定是否取消该运动员的比赛资格。

5.技术检查员的职责。

(1)技术检查员岗位位于游泳池两侧，在总裁判直接领导下进行工作。

(2)技术检查员负责检查运动员在游进中的泳式和动作是否符合规则，协助两端转身检查员检查运动员转身、到达终点和接力交接棒的动作是否符合规则。

(3)技术检查员如发现运动员犯规，应及时报告并填写检查表交总裁判。

(4)技术检查员兼管召回线。当听到召回信号后，应迅速放下召回线，将运动员召回。

6.转身检查长与转身检查员的职责。

(1)转身检查长负责领导和分配本端转身检查员的工作，确保每位转身检查员工作职责的完成。

(2)如转身检查员报告运动员犯规，转身检查长应及时报告总裁判，并审核转身检查员交来的检查表，签名后及时上交总裁判。如转身检查长根据自己的观察发现运动员犯规，应及时报告总裁判并填写检查表上交。

(3)每条泳道两端各设一名转身检查员，负责检查运动员从触壁前最后一次手臂动作开始至转身后第一次手臂动作结束的整个转身动作是否符合规则。

(4)出发端的转身检查员还要负责检查运动员从出发入水后至第一次划水结束的动作是否符合规则。在接力比赛项目中负责检查出发运动员是否在前一名运动员触及池壁后离开出发台。使用仰泳出发器时，出发端的转身检查员负责安装并在运动员出发后拆卸该装置。

(5)两端的转身检查员在800米和1500米项目中负责记录该泳道运动员完成的趟数，转身端的转身检查员还要用报趟牌向运动员显示所剩趟数。

(6)终点端的转身检查员还要负责检查运动员到达终点的动作是否符合规则，可兼做计时员的工作；在800米和1500米项目中，运动员到达终点前105米(25米长的泳池为55米处)时，应用铃声或哨声向运动员发出“只剩最后一趟”的信号，直至运动员转身后到达5米处停止。

(7)转身检查员在发现运动员犯规后，应及时报告并填写检查表交转身检查长。

7.自动计时长与自动计时员的职责。

(1)自动计时长负责领导和分配自动计时员的工作。比赛前参与检查和调试设备，比赛时负责监督自动计时装置的运行情况，整理自动计时的成绩记录单，签名后备查。

(2)自动计时员协助专业技术人员安装、调试全部的自动计时装置，比赛时协助、监督专业技术人员操作主机及有关设备，向自动计时长提交自动计时成绩记录单。

(3)在某项、某组比赛结束后，如发现自动计时装置失灵，自动计时长应及时报告总裁判，并按有关规定处理。

(4)接力比赛时，如发现自动计时装置有抢跳犯规显示，自动计时长应及时报告总裁判。

(5)自动计时员与编排记录组配合，准确记录运动员的成绩、弃权及犯规等情况。

8.计时长、副计时长与计时员的职责。

(1)计时长负责领导和分配计时员的工作。副计时长协助计时长工作。

(2)计时长应于比赛前检查计时表是否准确可用。

(3)计时长和计时员在发令员发出“出发信号”后立即按动计时表,在运动员抵达终点后立即按停计时表。计时长计取的成绩可作为检查、核对和补充之用。

(4)每组比赛完毕,计时长收集各泳道的比赛卡片,必要时查看计时员的计时表,核对比赛成绩。当设置终点裁判时,计时长须与终点裁判长核对名次。随后,将比赛卡片交总裁判审核。

(5)计时员负责计取运动员在比赛中的成绩及计取100米以上距离项目的分段成绩,并将成绩登记在比赛卡片上交计时长。如计时长要求查看计时表成绩,应将计时表出示受检。在总裁判组织下一组比赛鸣短哨声时回表。

(6)使用半自动计时装置时,计时员还要负责计取本泳道的半自动计时成绩。

(7)当每条泳道仅有一名计时员时,应设一名替补计时员以防秒表失灵。此时,计时长必须记取每组最快运动员的成绩。

9.终点裁判长、副终点裁判长与终点裁判员的职责。

(1)终点裁判长负责领导和分配终点裁判员的工作。在各组比赛中,观察运动员游进的全部情况,综合终点裁判员的判断,确定每组比赛名次。副终点裁判长协助终点裁判长工作。

(2)终点裁判员按分工准确地判断每组比赛名次。

(3)终点裁判员应坐在位于终点延长线的梯形架上,以便在比赛中能清楚地看到全部运动员的整个游程和到达终点情况。

10.宣告员的职责。

宣告员在总裁判领导下,负责向观众介绍比赛项目和进行情况,并宣布经总裁判确认的比赛成绩。

11.替补裁判员。

比赛中,替补裁判员根据执行总裁判的指令,随时替补指定岗位。

二、比赛通则

(一)参赛办法

1.报名。

(1)参加单位必须按比赛规程的规定,确定每项比赛参加的人数和每人参加的项数,并在规定时间内办理报名手续。在报名单上要填写运动员在报名截止日期前指定期限内的最好成绩。

(2)除了竞赛规程另有规定外,在报名后不得替换运动员或更改项目。

2.参赛。

(1)接力比赛以队为单位,每个接力队应有4名队员,每名接力队员在一次接力比赛中只能游其中的一棒。每单位可在报名参加比赛的同组运动员中任选4人参加接力比赛,在预赛、决赛中参加者可任意调换。各队须将参加接力比赛的运动员名单及顺序在该场比赛开始前至少30分钟交编排记录处,否则以弃权论。接力队必须按提交的名单和顺序参加比赛,否则将被取消录取资格。

(2)男女混合接力项目,每队必须由2男2女组成,其分段成绩不能作为纪录和(或)报名成绩。

(3)参加比赛的运动员(包括替补运动员)必须在该项比赛开始前至少20分钟到第1检录室接受对泳装的检查,检查合格后方可进入第2检录室参加检录。运动员应主动出示泳装标识受检。

(二)编排

1.预赛。

按运动员(或接力队)报名成绩优次排列次序。在报名单上未按要求填写报名成绩者,将作为成绩最差的排在最后。报名成绩相同或无报名成绩者超过1人时,应以抽签方法决定其排列次序。各项预赛按以下方法编排。

(1)只有1组时,应作为决赛编排,并安排在决赛时段进行。

(2)有2组时,报名成绩最好者应编在第2组,次好者应编在第1组,再次者应编在第2组,第4名应编在第1组,以此类推。

(3)有3组时(除400米、800米和1500米项目外),报名成绩最好者应编在第3组,次好者应编在第2组,再次者应编在第1组,第4名应编在第3组,第5名应编在第2组,第6名应编在第1组,以此类推。

(4)有4组或4组以上时(除400米、800米和1500米项目外),最后3组按本条“1”款“(3)”项的方法编排。所剩运动员(或接力队),按其报名成绩优次顺序编排在倒数第4组。如还剩下运动员(或接力队),再按其报名成绩优次顺序编排在倒数第5组,以此类推。

(5)400米、800米和1500米项目，报名成绩最好者应编在最后1组，次好者应编在倒数第2组，再次者应编在最后1组，第4名应编在倒数第2组，以此类推编排最后2组。所剩运动员，按其报名成绩优次顺序编排在倒数第3组。如还剩下运动员，再按其报名成绩优次顺序编排在倒数第4组，以此类推。

(6)2组或2组以上的任何预赛组内至少应有3名运动员(或3组接力队)。但若编排后有运动员(或接力队)弃权，则该预赛组内可少于3名运动员(或3组接力队)。

2.泳道安排。

(1)预赛、半决赛和决赛均可使用10条泳道进行比赛。

(2)使用6条泳道时，同一组运动员(或接力队)按其报名成绩的优次顺序依次安排在第3、4、2、5、1、6泳道。

(3)使用8条泳道时，同一组运动员(或接力队)按其报名成绩的优次顺序依次安排在第4、5、3、6、2、7、1、8泳道。

(4)使用10条泳道时，同一组运动员(或接力队)按其报名成绩的优次顺序依次安排在第4、5、3、6、2、7、1、8、0、9泳道。

(5)泳道数为奇数时，同一组报名成绩最好的运动员(或接力队)应安排在中间的泳道，成绩次好者应安排在其左侧泳道(面向游泳池)，再次者应安排在其右侧泳道，以此类推。

3.半决赛、决赛。

(1)50米、100米、200米距离的项目可进行预赛、半决赛、决赛，其他距离项目只进行预赛和决赛。

(2)半决赛项目，根据预赛成绩的排列顺序，按照本条"1"款"(2)"项和"2"款的规定编组和安排泳道。

(3)决赛项目，根据预赛或半决赛成绩的排列顺序，无预赛时根据报名成绩的排列顺序，按照本条"2"款的规定安排泳道。

(4)如果游泳池设有10条泳道而比赛使用8条泳道，当800米和1500米自由泳预赛出现第8名有2人成绩相同时，决赛将启用第9泳道，用抽签的方式决定第8和第9泳道的运动员。当800米和1500米自由泳预赛出现第8名有3人成绩相同时，决赛将启用第9和第0泳道，用抽签的方式决定第8、第9和第0泳道的运动员。

(5)比赛如采用分组决赛，则根据报名成绩的优次顺序，先编排最后一组，再编排倒数第2组，以此类推。同一组的运动员或接力队，按本条“2”款的规定安排泳道。如果比赛分为预赛时段和决赛时段，则800米和1500米自由泳项目的最后1组可安排在决赛时段进行，其他各组可安排在预赛时段进行。

4.重赛。

在使用8条(或10条)泳道的比赛中，预赛或半决赛后，在确定一个项目的第8名或第16名(第10名或第20名)时，如果有2名或2名以上运动员的成绩直至百分之一秒都相同，决定参加半决赛、决赛人选的办法如下。

(1)如采用自动计时装置或每条泳道有3块计时表计时(未设终点裁判)，同组或不同组的运动员成绩相同者，都必须重赛，按重赛后的名次确定参加半决赛或决赛人选。

(2)在采用人工计时并设终点裁判的情况下，同组运动员成绩相同者不重赛，按该组的终点名次确定参加半决赛或决赛人选。不同组的运动员成绩相同者，按以下3种方法确定参加重赛的运动员。

①某项预赛或半决赛后，2组或2组以上的运动员成绩相同，需要确定1名参加半决赛或决赛时，各组终点名次最前的一名运动员参加重赛。重赛后的优胜者参加半决赛或决赛。

②某项预赛或半决赛后，A组的甲、乙、丙(按该组终点名次排列顺序)运动员与B组甲运动员成绩相同，需要确定2名运动员参加半决赛或决赛时，A组的丙应被淘汰，由A组的乙和B组的甲重赛。重赛后的优胜者与A组的甲一起参加半决赛或决赛。

③某项预赛或半决赛后，A组的甲、乙运动员与B组的甲、乙运动员成绩相同，需要确定2名运动员参加决赛或半决赛时，这4名运动员应一起重赛。重赛后名次列前的2名运动员参加半决赛或决赛。

(3)重赛经有关方面协商确定时间，但须在本场比赛结束1小时内进行。

(4)重赛后若成绩仍相同，则仍按上述条款处理。

(5)必要时，应进行重赛来确定第1和第2替补运动员。

5.弃权。

(1)已获得半决赛或决赛资格的运动员(或接力队)，可以在该项比赛结束30分钟内提出弃权。运动员(或接力队)若在技术会议后提出预赛弃权，或在获得半决赛或决赛资格的比赛结束30分钟后提出半决赛或决赛弃权，将按有关规定予以处罚。弃权单位必须提交由领队或教练员签名的弃权申请单。

(2)当有运动员(或接力队)半决赛或决赛弃权时,应按预赛或半决赛成绩排列的顺序依次替补。该项目必须按本条“1”款“(2)”项和“1”款的规定重新编排,并通告详细的变动或替补情况。

(三)出发

出发的规定。

(1)自由泳、蛙泳、蝶泳、个人混合泳及自由泳接力的比赛必须从出发台出发。当总裁判发出长哨声信号后,运动员应站到出发台上;当发令员发出“各就位”的口令后,运动员应至少有一只脚置于出发台的前沿,立即做好出发姿势。当所有运动员都处于静止状态时,发令员发出“出发信号”。

(2)仰泳比赛、混合泳接力比赛的第1棒,必须从水中出发。当总裁判发出第一声长哨声信号后,运动员应立即下水;当总裁判发出第二声长哨声信号后,运动员应迅速游回池端;当所有运动员都做好出发准备时,发令员发出“各就位”的口令;当所有运动员都处于静止状态时,发令员发出“出发信号”。

(3)在50米池进行50米项目的比赛,在哪一端出发,应根据组委会的决定执行,并在赛前通知运动员。

(四)计时

自动计时、半自动计时与人工计时,均为正式的计时方法。

1.自动计时。

(1)自动计时装置必须在指定裁判员的监督下进行操作。由自动计时装置记录的成绩应当用于确定名次和各泳道的成绩。如果自动计时装置发生故障,或发现其明显失灵,或运动员未能触停该装置,则半自动计时或人工计时的成绩将作为正式成绩。

(2)使用自动计时装置时,成绩只须记录到百分之一秒。当可以精确到千分之一秒时,不记录千分位数,也不以千分位数来确定成绩和名次。比赛中出现相同成绩时,则成绩在百分位相同的所有运动员其名次相同。在电子公告板上只应显示到百分之一秒的成绩。

2.人工计时。

(1)当采用每条泳道3块计时表计时而未设终点裁判时,运动员的正式成绩是录取名次的根本依据。

(2)任何由1名裁判员操作的计时装置均应视为1块计时表。

(3)每条泳道必须指派3名计时员,所使用的计时表必须精确至百分之一秒。

(4)人工计时的正式成绩按下述方法确定:

①在3块计时表中,有2块以上计取的成绩相同时,该成绩即为正式成绩;

②如果3块计时表计取的成绩都不相同,应以中间的成绩为正式成绩;

③如果3块计时表中只有2块正常运行,应以平均成绩为正式成绩。

(5)在计时成绩和终点名次顺序不一致时(如第2名的成绩反比第1名的成绩好),应以总裁判的判定为准。若总裁判判定以终点名次为准,应将第1名与第2名的正式成绩相加后平均,作为第1名和第2名的正式成绩(平均成绩取至百分位秒数)。若总裁判判定以计时成绩为准,应以计时成绩顺序重新排列名次。若出现两名以上终点名次和计时成绩顺序不一致时,仍按此办法处理。

(五)比赛

1.比赛规定。

(1)比赛中,不得将不同组别、不同项目的运动员(或接力队)混合编组。除男女混合接力项目外,亦不得将不同性别的运动员(或接力队)混合编组。

(2)运动员应游完全程才能获得录取资格。

(3)运动员应始终在其出发的同一泳道内比赛和抵达终点。

(4)在所有项目中,运动员转身时必须按各泳式的规定触及池壁,不允许在池底跨越或行走。

(5)在自由泳项目和混合泳项目的自由泳段比赛中,允许运动员在池底站立,但不得行走。

(6)不允许拉分道线。

(7)比赛中,运动员不得使用或穿戴任何有利于其速度、浮力、耐力的器具(如手蹼、脚蹼、弹力绷带或黏胶材料等)和泳装,但可戴泳镜。不允许在身上使用任何胶带,除非得到组委会指定的医疗机构同意。

(8)在比赛场地内,不允许速度诱导及使用任何能起速度诱导作用的装置与方法。

(9)由于某运动员犯规而影响其他运动员获得优异成绩时,总裁判有权允许被干扰的运动员重新参加预赛。如在决赛或最后一组预赛中发生上述情况,可令该组重新比赛。

(10)接力项目如果有预赛,奖牌和证书应授予获名次接力队中参加了预赛或决赛的所有运动员。

(11)只有赛事组委会设置的录像设备才能作为判断运动员犯规和名次的依据之一。

2.犯规判罚规定。

(1)游出本泳道阻碍其他运动员或以其他方式干扰其他运动员者,应判犯规。如属故意犯规,总裁判应将犯规情况报告主办单位和犯规运动员所在单位。

(2)在一项比赛进行过程中,当所有比赛的运动员还未游完全程前,未参加比赛的运动员如果下水,应取消其原定的下一次的比赛资格。

(3)在接力比赛中,如本队的前一名运动员尚未触及池壁,后一名运动员的脚已蹬离出发台,应判犯规。

(4)在接力比赛中,在各队的所有运动员还未游完之前,除了应游该棒的运动员之外,任何其他接力队员如果进入水中,应判犯规。

(5)运动员抵达终点后或在接力比赛中游完自己的距离后,应尽快离池,如妨碍其他游进中的运动员,应判该运动员或接力队犯规。

三、各项泳式的比赛规定

(一)自由泳

(1)自由泳比赛中,可采用任何泳式。但在个人混合泳及混合泳接力比赛中,自由泳是指除蝶泳、仰泳、蛙泳以外的泳式。

(2)每次转身和到达终点时,运动员身体的某一部分必须触及池壁。

(3)在整个游程中,运动员身体的某一部分必须露出水面。在出发和每次转身后,允许运动员身体完全没入水中,在15米前(含15米)运动员头的一部分必须露出水面。

(二)仰泳

(1)在出发信号发出前,运动员应在水中面对出发端,两手抓住出发握手器。禁止两脚蹬在水槽里、水槽上或脚趾勾在水槽沿上。

(2)出发和每次转身后,运动员应蹬离池壁,除做转身动作外,运动员在整个游进过程中应始终呈仰卧姿势,允许身体做转动动作,但必须保持与水平面小于90° 的仰卧姿势,头部位置不受此限。

(3)在整个游进过程中,运动员身体的某一部分必须露出水面。在出发、转身及抵达终点时,允许运动员身体完全没入水中。出发和每次转身后,在15米前(含15米)运动员头的一部分必须露出水面。

(4)在转身过程中,运动员身体的某一部分必须触壁,允许肩的转动超过垂直面,之后立即做一次连贯的单臂划水或双臂同时划水动作,并以此划水动作作为转身动作的开始。运动员必须呈仰卧姿势蹬离池壁。

(5)运动员在到达终点时,必须以仰卧姿势触壁。

(三)蛙泳

(1)在出发和每次转身后,运动员可没入水中并可做一次手臂充分向后划至腿部的动作。在出发和每次转身后,运动员可在第一次蛙泳蹬腿动作前打一次蝶泳腿。

(2)从出发和每次转身后的第一次手臂动作开始,身体应保持俯卧,任何时候都不允许身体呈仰卧姿势。只要身体呈俯卧姿势蹬离池壁,允许运动员在触壁后用任何方式转身。在出发后的整个游程中,动作周期必须是以一次划臂和一次蹬腿的顺序完成。

(3)两臂的所有动作应同时并在同一水平面上进行,不得有交替动作。两手应同时在水面、水下或水上由胸前伸出。除转身前的最后一次划水动作、转身过程中及抵达终点前的最后一次划水动作外,肘部不得露出水面。两手应在水面或水下向后划水。除出发和每次转身后的第一次划水动作外,两手向后划水不得超过臀线。

(4)在每个完整动作周期内,运动员头的一部分必须露出水面。出发和每次转身后的第二次划臂至最宽点两手向内划水前,运动员头的一部分必须露出水面。

(5)两腿的所有动作应同时并在同一水平面上进行,不得有交替动作。在蹬腿过程中,两脚必须做外翻动作。不允许做交替打腿或向下的蝶泳打腿动作(本条“1”款所述除外),允许两脚露出水面。

(6)在每次转身和到达终点时,两手应分开(不得重叠)在水面、水上或水下同时触壁(如图4-1-1)。转身和到达终点前的最后一次手臂动作后可不接蹬腿动作。在触壁前的最后一次划水动作结束后,头可以没入水中。但在触壁前最后一个完整或不完整的动作周期中,头的一部分必须露出水面。

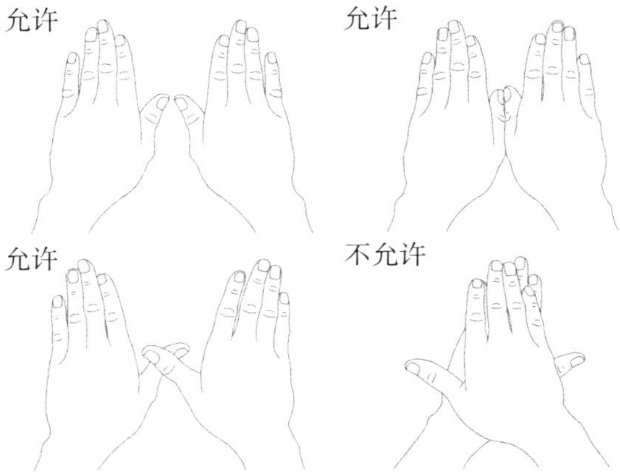

图4-1-1　两手分开触壁示意图

（四）蝶泳

(1)从出发和每次转身后的第一次手臂动作开始，身体应保持俯卧姿势，允许水下侧打腿。任何时候都不允许呈仰卧姿势。只要身体呈俯卧姿势蹬离池壁，允许运动员在触壁后用任何方式转身。

(2)两臂应在水面上同时向前摆动，并同时在水下向后划水。

(3)所有腿部的上下打腿动作应同时进行。两腿或两脚可不在同一水平面上，但不允许有交替动作，不允许蹬蛙泳腿。

(4)在每次转身和到达终点时，两手应分开(不得重叠)在水面、水上或水下同时触壁。

(5)在出发和每次转身后，运动员可没入水中做一次或多次打腿动作和一次划水动作，这次划水动作应使身体升至水面。在15米前(含15米)运动员头的一部分必须露出水面。运动员应使身体保持在水面上，直至下次转身或到达终点。 关于对蛙泳和蝶泳“双手分开”规则的解释：“双手分开”是指双手不能上下叠加，不需要观察两手间是否有空隙或手指间是否相互接触。

（五）混合泳

(1)个人混合泳必须按照蝶泳、仰泳、蛙泳、自由泳的顺序进行比赛。每种泳式必须完成赛程四分之一的距离。

(2)混合泳接力必须按照仰泳、蛙泳、蝶泳、自由泳的顺序进行比赛。

(3)在个人混合泳和混合泳接力项目的比赛中，每一种泳式都必须符合对应泳式的有关规定。在仰泳转蛙泳过程中，运动员应呈仰卧姿势触及池壁。

四、比赛场地与设备

（一）游泳池

（1）池长：游泳池应长50.00米（短池长25.00米），允许误差为+0.03米，-0.00米。两端池壁自水面上0.30米至水面下0.80米的范围内，必须符合此要求。安装自动计时装置触板后，误差不得超出此范围。

以上规格必须经由国家承认的测绘单位测量并提供书面证明。

（2）池宽：举办全国综合性运动会游泳比赛、全国游泳冠军赛、全国游泳锦标赛的游泳池宽应为25.00米，其他赛事的游泳池宽至少为21.00米。

（3）池深：游泳池深度至少2.00米，推荐3.00米。

（4）池壁：游泳池两端池壁必须平行，垂直于泳道和水面。池壁必须坚实、平整，自水面下0.80米以上的池壁必须防滑。允许在池壁上设休息台。休息台必须设在水面下至少1.20米深处，台面宽0.10米至0.15米。休息台可采用凸出式或凹进式，但推荐凹进式。游泳池的四壁可设水槽。如果在两端池壁上设水槽，水槽必须用合适的栅板或隔板遮盖，同时能够在水面上0.30米处安装触板。

（二）泳道、分道线与标志线

（1）泳道：游泳池可设8条或10条泳道。由9条或11条分道线构成。每条泳道宽2.50米。使用8条泳道比赛时，泳道应是从1到8道。使用10条泳道比赛时，泳道应是从0到9道。

（2）分道线：分道线必须拉至游泳池两端，固定分道线的挂钩应安装在池壁内，分道线必须拉紧。分道线由直径0.10～0.15米的单个浮标连接而成，距两端池壁15米处和50米池的25米处的浮标颜色应不同于其周围浮标的颜色。自两端池壁起至5米内之浮标为红色。两条泳道之间只允许有一条分道线。使用8条泳道比赛时，游泳池的分道线颜色如下：第1、9分道线为绿色；第2、3、7、8分道线为蓝色；第4、5、6分道线为黄色。使用10条泳道比赛时，游泳池的分道线颜色如下：第1、11分道线为绿色；第2、3、4、8、9、10分道线为蓝色；第5、6、7分道线为黄色。如图4-1-2、4-1-3。

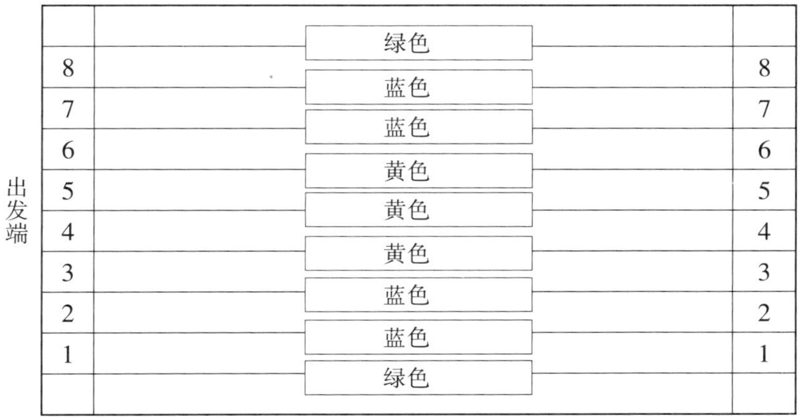

图 4-1-2　8条泳道游泳池的分道线颜色

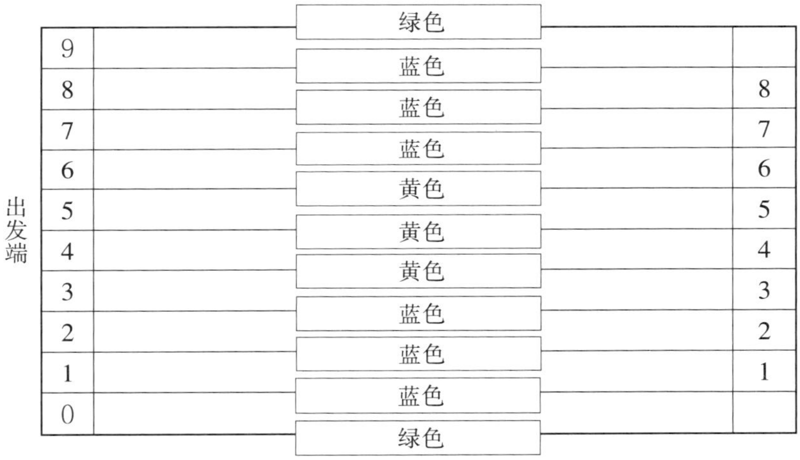

图 4-1-3　10条泳道游泳池的分道线颜色

(3)泳道标志线：各泳道中间的池底应有清晰的深色标志线，线宽0.20～0.30米，线长46米(25米池线长21米)，泳道标志线两端距池端各为2米。在泳道标志线的两端应各设一条长1米，与泳道标志线同宽，并与其垂直的对称横线。

50米游泳池的每条泳道标志线，在距两端池壁15米处设一条长0.50米、宽0.20～0.30米的横线(横线的中心距池壁15米)。

(4)池端目标标志线：池端目标标志线应设在两端池壁上或触板上，位于各泳道正中，宽为0.20～0.30米，从池壁的上缘一直延伸到池底。在水面下0.30米处的池端目标标志线中心上设一横线，横线长0.50米，宽0.20～0.30米。

(三)出发台

出发台应正对泳道的中间，其前缘应高出水面0.50～0.75米。出发台的表面面积至少为0.50米×0.50米(重大游泳赛事的出发台表面面积至少为0.50米×0.60米)。台面应由防滑材料覆盖,其向前倾斜不超过10°。出发台前缘应与池壁在同一垂直面上。出发台可设置可调节踏板。可在出发台的两侧设出发握手器。允许在出发台下安装电子显示板,但不能闪烁。仰泳出发时显示板上的数字不能跳动。出发台必须坚固没有弹性,并应保证运动员出发时能在前缘和两侧抓住出发台。如果出发台台面的厚度超过0.04米,可在出发台两侧设至少0.10米长、前端设至少0.40米长的握手槽,槽深0.03米。

(四)召回线与仰泳转身标志线

1.出发召回线:出发召回线必须横跨游泳池并系在离出发池端15米处的固定柱子上,距水面至少1.20米,要能迅速放入水中,有效地覆盖全部泳道。

2.仰泳转身标志线:仰泳转身标志线为横跨游泳池的旗绳。旗绳两端固定在离游泳池两端5米的柱子上,高出水面1.80米。标志旗必须固定在标志线上,规格为底边0.20米、两斜边0.40米的三角形。标志旗之间的距离为0.25米。如图4-1-4。

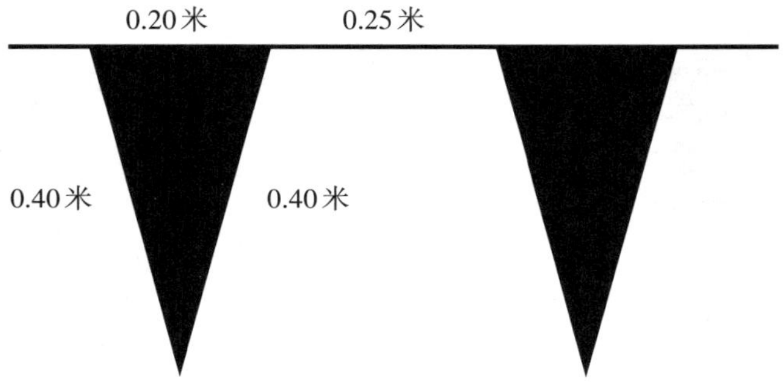

图4-1-4 仰泳转身标志线

(五)自动计时装置

1.全国综合性运动会游泳比赛、全国游泳冠军赛、全国游泳锦标赛必须采用自动计时装置。

2.自动计时装置应能判定运动员到达终点的先后,并记录运动员的成绩。计取的成绩应精确到百分之一秒。任何装置均不得妨碍运动员的出发、转身和溢水系统的功能。这种装置应由发令员启动。装置的连线尽可能不要露在池岸上,能够按名次和泳道显示出各泳道所有记录下的信息,提供易读的运动员成绩。

第二节 游泳运动技术等级

一、国际级运动健将

凡符合下列条件之一者，可申请授予国际级运动健将称号：在奥运会、青年奥运会、世界锦标赛、世界青年锦标赛、世界杯、世界大学生运动会、亚运会、亚洲青年运动会、亚洲室内运动会、亚洲锦标赛、亚洲青年锦标赛、泛太平洋赛、环地中海赛、中澳对抗赛中达到成绩标准。①

二、运动健将

凡符合下列条件之一者，可申请授予运动健将称号：

(1)在可授予国际级运动健将称号的比赛中达到成绩标准；

(2)在全国运动会、全国青年运动会、全国冠军赛、全国锦标赛、全国春季锦标赛、全国夏季锦标赛、全国青年锦标赛、全国青少年U系列赛总决赛、全国学生运动会中达到成绩标准。

三、一级运动员、二级运动员

凡符合下列条件之一者，可申请授予一级运动员、二级运动员称号：

(1)在可授予运动健将及以上称号的比赛中达到成绩标准；

(2)在全国体育传统项目学校联赛、全国青少年U系列赛、省(自治区、直辖市)体育局主办的综合性运动会、锦标赛或冠军赛中达到成绩标准。

四、三级运动员

凡符合下列条件之一者，可申请授予三级运动员称号：

(1)在可授予二级运动员及以上称号的比赛中达到成绩标准；

(2)在市(地、州、盟)体育行政部门主办的综合性运动会或锦标赛中达到成绩标准。

注：详细游泳运动技术等级标准详见附录。

①国家体育总局官网游泳运动技术等级标准。

课外思考

1. 游泳接力赛中什么情况应判为犯规？

2. 一场游泳比赛中，需设哪些裁判？

3. 设计一份游泳比赛报名表需要哪些步骤？

第五章

游泳运动的自我保护与水中救生

第一节 游泳运动自我保护

一、游泳自救

在游泳过程中发生溺水等意外险情时,首先要保持镇静,看清方向,协调呼吸,并保持体内最大的肺活量。不可手脚乱蹬,拼命挣扎,这样只会耗尽精力并加速身体下沉。有以下几种正确的水中自救方法可供借鉴。

1.立泳。踩水和有节奏的呼吸是最基本、实用的自救方法。溺水后第一反应是踩水,可以让自己得到休息并让自己镇静下来。

2.水母漂。有两种姿势,一种是双手下垂,另一种是双手抱住膝盖,吸足气,全身放松,不做多余的动作,让背部露出水面,身体如同龟状,漂浮一段时间然后抬起头来吸气。像这样反复、持续地做动作,可以漂浮在水面上等待救援。

3.仰漂。屏住呼吸,向后仰头,放松四肢,双手放在身体两侧,呈大字形。由于肺部就像一个大气囊,屏气后人的密度比水轻,所以人体在水中经过一段时间的下落后会自然上浮。当感觉到身体开始上浮时,应该尽可能地保持仰位,使头部向后仰。只要不挣扎,身体就不会在水中失去平衡。这样口、鼻将最先浮出水面,可进行呼吸和呼救。呼吸时,尽量用口吸气,用鼻呼气,做到吸、屏、吐三个动作缓慢而且协调,以防呛水。不要试图将整个头部伸出水面,这是一个致命的错误。

4.水中浮具制作。当衣服掉入水中并已远离岸边时,应脱掉衣服,以便游泳。顺序:先让身体呈水母状,解开鞋带,脱去鞋子,再脱掉长裤,最后脱下上衣。试图捆绑衣服制成浮具,在水中浸湿长裤,扎紧裤管,充气后再扎紧裤腰。

5.利用漂浮物求生。如果水上有许多漂浮物,如防水背包、密封袋、球类、防潮垫、充气枕、空水壶等,都可用于漂浮救生。

二、肌肉痉挛自救

水中痉挛是由于身体在水中电解质过量释放、水温较低、体能消耗过多以及陆上的准备活动不充分等引起的,一般以腿部和脚趾痉挛最为常见。如果遇到这种情况,首先应保持身体在水中的平衡，尽量伸直双腿，然后用手抓住脚踝，脚尖朝向身体勾起，并尽量向自身方向扳拉，直到症状消失。如果痉挛情况严重，腿部感觉麻木，可一边扳拉，一边向岸边游进，也可大声呼救。

三、游进中下沉自救

这种危险在初学游泳者或游泳技术不熟练者中很常见。在游进过程中，会感觉身体突然无力往下沉。出现这种情况的原因主要有对自身的体力估计不充分，体力分配不均匀，体力消耗过度以及自身没有提前意识到。在这种情况下，一定要保持冷静，当身体下沉时屏住呼吸，使肺部充满气体，过一会儿身体会自然上浮。然后，划小蛙泳手（手部向下按压划水），蹬小蛙泳腿（主要以小腿、脚踝由内向外划圆），逐渐过渡到蛙泳。如果身边有水线等辅助设施，可借助辅助设施休息一下再游。

四、水中被杂物缠绕自救

在野外的自然水域中游泳，首先必须观察水下环境。如果不幸遇到杂物（如水草、渔网、衣物、绳索）缠绕，一定要保持冷静，千万不要挣扎。在这种情况下，只有保持冷静，才有机会得以解脱。缠绕发现得越早越容易解脱。被缠绕后，应先放松身体，观察缠绕情况，寻找解脱的方法。如果解脱不了，可大声呼救（水草和缠绕的绳尖会随着身体的放松而向外向上扩散，只要仔细寻找根源就能解脱）。

五、筋疲力尽自救

游泳时，若觉得寒冷或疲倦，立刻游回岸边。如离岸太远，或者感觉过度疲乏，采取仰浮保留体力，向岸上救生员或同伴挥手、呼叫求救。如有人前来救援，应放松身体，切勿抱紧救援人员。如没有救援人员，则在水面上放松漂浮，等待体力恢复后再游回岸边。

第二节 水中救生

一、溺水事故的原因及预防

在现实生活中，造成心跳和呼吸骤停的原因很多，常见的如溺水。当水进入呼吸道和肺部时，会引起窒息，造成心跳和呼吸骤停，并直接危及生命。当心跳和呼吸骤停时，如在现场能及时抢救，并且方法得法，生命就能得救。溺水致死有两种情况：即干溺死亡和湿溺死亡。干溺，即溺水后，人的喉头肌肉痉挛，从而使得气道闭塞，导致窒息死亡。湿溺，即溺水后，大量水进入人的肺部，导致窒息死亡。所以，了解溺水事故的原因，做好预防，在发生溺水事故时正确及时地抢救，无疑能为挽救人类生命和保护人类健康做出贡献。

（一）溺水事故的原因

（1）心理原因：指害怕水，心情紧张，一旦发生意外，惊慌失措，动作慌乱，四肢僵硬等导致溺水，还有寻死溺水。

（2）生理原因：指体力不支、饱食、饥饿、酒后等情况下下水导致溺水。

（3）病理原因：指患有不宜在水中活动的疾病的人，如患有心血管系统疾病、神经系统疾病（含癫痫病患者）等，下水后引起病发作导致溺水。

（4）技术原因：指游泳技术不佳或技术失误等造成意外，导致溺水。

（5）其他原因：指游泳场所的组织和管理不规范、设施存在隐患，游泳者缺乏自我保护意识等导致溺水。

（二）容易发生溺水事故的情况

（1）不小心从池边、岸边等处落入水中。

（2）在水中滑倒后，站立不起来。

（3）身上的浮具脱离或破裂漏气，沉入水中。

（4）游泳技术不佳，在水中遇到碰撞等意外，惊慌失措，动作慌乱。

（5）突然呛水，不会调整呼吸。

（6）过于逞强。

(7)入水方法不当。

(8)冒险潜水。

(9)被溺水者紧抱不放的其他游泳者。

(10)嬉水时,被人按压。

(11)游泳场所设施不当等。

(三)溺水事故的预防

1.熟悉水域、场所和环境。

一切进入水上活动场所的人员必须仔细了解场地的环境情况(如场地大小、深浅水区的划分、对活动的各种要求及各种警示的标志等)。

2.及时呼救意识。

在水中活动过程中发生事故或危险时,应及时、迅速地发出求救信号,然后再进行必要的自救处理(在有能力的前提下)。

3.争取时间意识。

呼救后,如果有自救能力,可以采取适当的技术自救。如已不可能自救,应尽量放松身体,采取仰卧姿势使身体漂浮在水面上(继续呼救),争取更多时间,等待救援。

4.靠岸意识。

在水中遇险后,如当时情况允许,应采取积极的自救方式。在有能力的情况下,努力向岸边靠拢(边靠边呼救),离岸越近,获救机会越大。

总之,必须在平时培养预防意识,训练自救能力。在水中遇险后,必须在沉着、冷静、积极的基础上,运用合理的自救手段和正确的自救方法,达到自救或被救的目的。

特别注意:如遇有人溺水,必须运用最安全的方法施救。能在岸上施救的,绝不下水去救。能用器材施救的,绝不徒手去救。不管使用哪种救生方法,都要求首先保证自身安全,才去救助他人,千万不要造成"人溺己溺"的惨痛后果。

二、观察区域

游泳救生的观察是指救生员在自己的岗位上,不间断地扫视、环视自己所负责的区域,及时发现可能造成溺水事故的隐患和溺水者,防止溺水事故的发生。观察是救生工作中最重要的一个环节,是救生工作中"以防为主"的具体体现。

(一)观察的方法

1.扫视法。

在值岗时,救生员对自己责任区的左、右、远、近进行直线式、不间断的观察。

2.环视法。

在值岗时,救生员对自己的责任区以某一点为起点,进行圆周式、不间断的观察。

3.跟踪法。

在值岗时,救生员对自己责任区内游泳技术不佳者应进行重点跟踪观察。

(二)观察区域的划分

对游泳场所观察区域的划分是确保游泳者安全的重要手段,同时也是使救生员在值岗期间加强责任感,便于确认事故责任的必要措施。其原则是便于救生员观察,以及相互交叉观察和补漏,消除观察盲区和死角。

1.标准游泳池观察区域的划分。

(1)直线切割法(如图5-2-1)。

根据各救生岗位观察分工的要求,用直线将全池的水域面积平均切割成几个长方形水域,分别为每个岗位的主责任区。对岸救生岗位和旁边救生岗位主责任区近端 $\frac{1}{2}$ 的水域为次责任区。

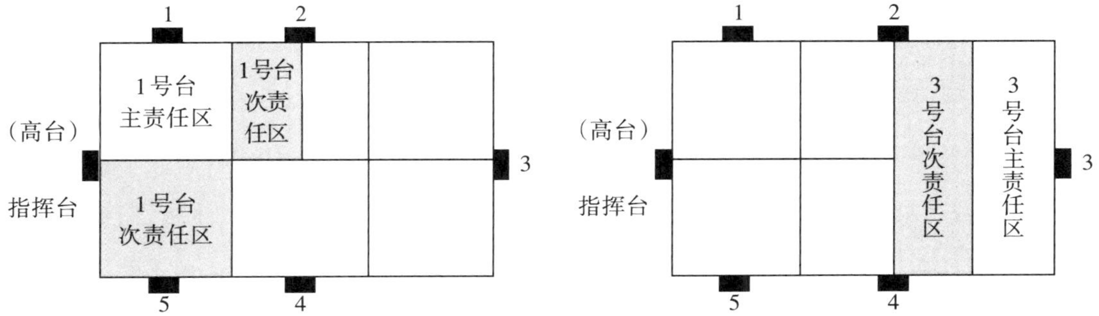

1号台主、次责任区　　3号台主、次责任区

图5-2-1 直线切割法

(2)弧形切割法(如图5-2-2)。

以每个救生岗位为圆心,以10米(小池)或15米(大池)为半径切割水域,其水域即为各岗位的主责任区。如果将主责任区的半径再延长5米(小池)或者10米(大池)切割的水域,则其水域为各岗位的次责任区。

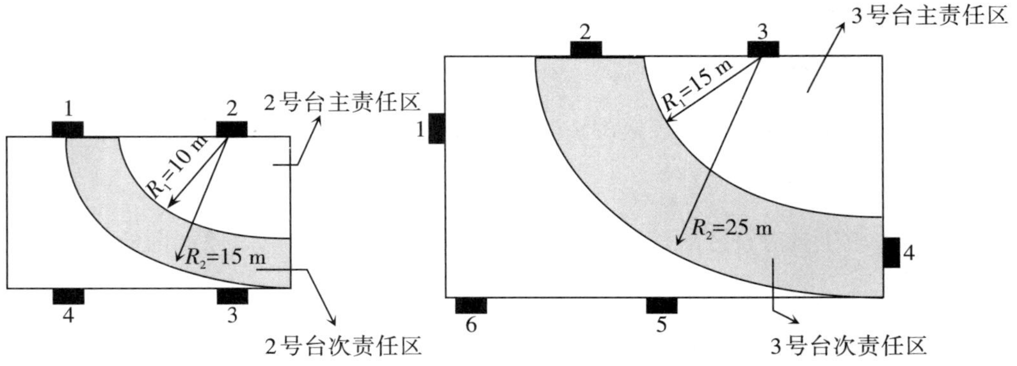

50m×15m池对称设置的2号台主、次责任区　　50m×25m池对称设置的3号台主、次责任区

图5-2-2　弧形切割法

2.非标准游泳场所观察区的划分。

(1)按水面积划分法。

这是以每个救生岗位所负责的主、次责任区面积的总和来划分观察区域的方法。可采用交叉布岗的方式划分观察区域,将每个救生岗位观察区域主责任区的最大面积控制在250平方米之内。

(2)不留盲区和死角的划分法。

这是针对各类嬉水娱乐型游泳场所观察区域的划分方法。遵从消除事故隐患的原则,可以采用直线切割法、弧形切割法、重点布岗以及增加流动岗位等方法来划分观察区域。

三、接近溺水者

水中救生可分为间接救护与直接救护。间接救护是指使用救生圈、套杆、绳索、船只等器材,或者根据当时情况因地制宜,利用其他现有器材(如木棍、木头、木板、门板等一些可以浮起的东西)进行救护,以便及时救助溺水者。这种救护方法通常适用于游泳水平较差者。直接救护是指在没有救护器材,或救护器材不能发挥作用的情况下采取的方法。进行水面观察,发现溺水者后,救生者应看清溺水者位置再立即跳入水中进行救护。

如果救生者选择的入水点距离溺水者较远,则在游近溺水者时,宜采用蛙泳或抬头式自由泳。因为这两种泳式都有利于观察到溺水者在水中的情况和位置变化,以便救生者及时改变游进路线和救生计划。当游至距溺水者1~1.5米时,若发现溺水者面对自己,为了避免被溺水者抓住或抱住,救生者应立即下潜至溺水者腹部以下,用双手扭转溺水者的髋部，使其转体180°，背对自己，然后出水实施拖运。若拖运之前被溺水者抓住，则应实施本章第一节中所讲的自救解脱技术，先摆脱溺水者，然后再对溺水者进行拖运。如图5-2-3。

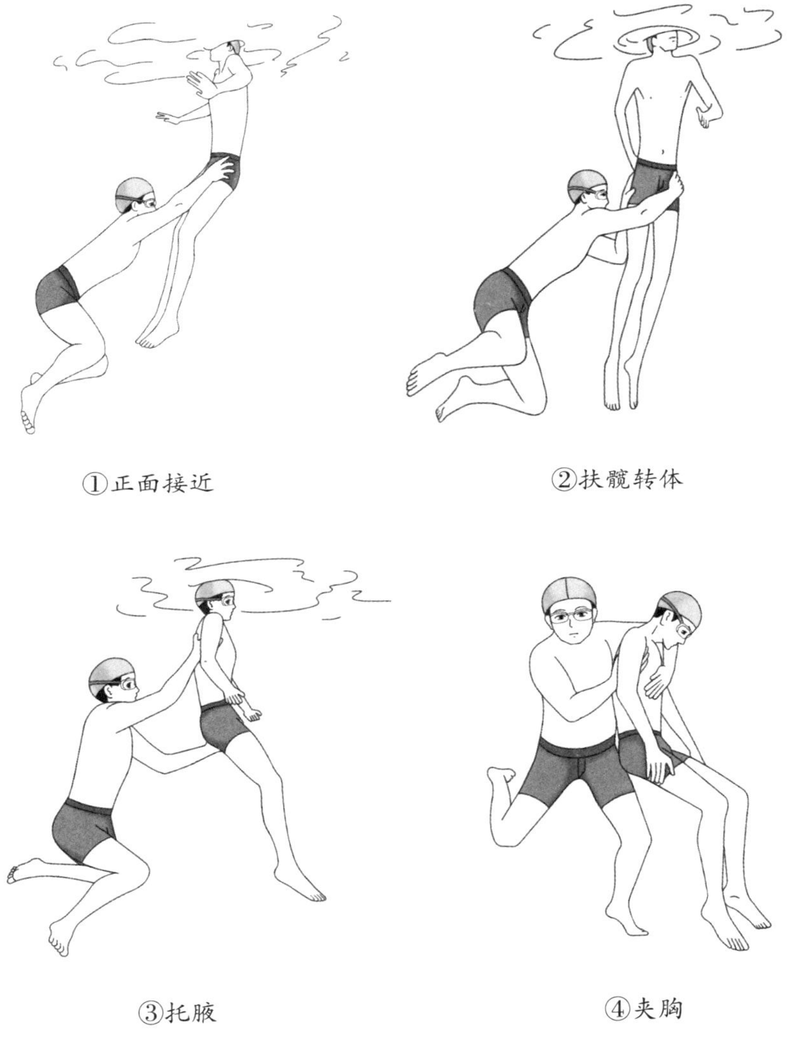

图5-2-3　接近溺水者

四、救助他人时的危险解脱

游泳时，不可避免会遇到他人在水中遇险。然而，在我们救助溺水者时，溺水者因恐慌而神志不清，慌乱中救援者往往会被溺水者抓抱住，也有可能在拖运之前被抓抱住，在此情况下，我们需要沉着冷静地运用解脱技术，摆脱溺水者，然后再实施救护。

(一)等待救助

如果溺水者在水中力气较大,胡乱抓挠,救生者可在溺水者不远处,面向溺水者,在水平面下抬一脚,面对溺水者,等待并劝说溺水者(以防溺水者进行抓抱),待溺水者体力减弱后再施救。

(二)溺水者抓住救生者一手的解脱方法

如果救生者一手被溺水者两手同时抓住。被抓的手应紧握成拳,另一只手先用虎口朝向被抓手的溺水者同侧手(双方相对时)手腕,用力抓住同侧手并使其松开被抓手,再弯曲手臂,用肘部撞开溺水者的异侧手。同时握住溺水者同侧手手腕,顺势转动溺水者身体,使其背对自己,再进行拖运。如图5-2-4。

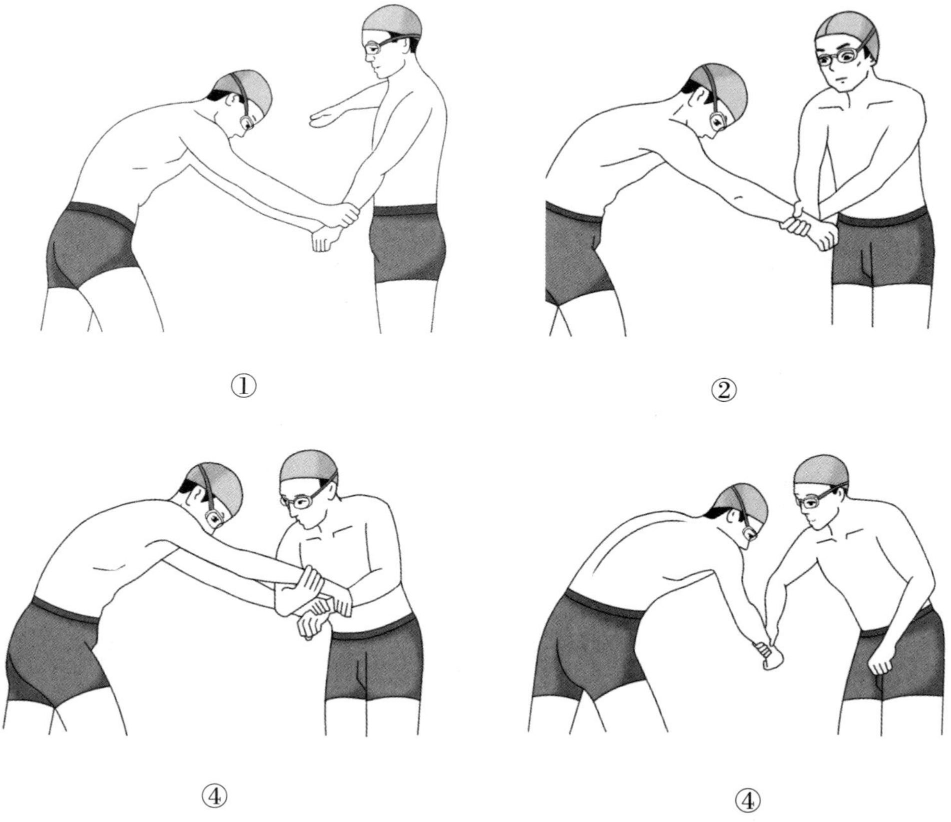

①　②　④　④

图5-2-4　溺水者抓住救生者一手的解脱方法

(三)救生者被溺水者从后方抱住颈部的解脱方法

救生者一手按住溺水者手背,另一手顶住溺水者同侧手的肘部,身体向下沉,并用力向上推其肘部,按住溺水者同侧手的手背处用力下压,方可解脱。同时,握住溺水者同侧手的手腕，顺势转动溺水者身体，使其背对自己，再进行拖运。如图5-2-5。

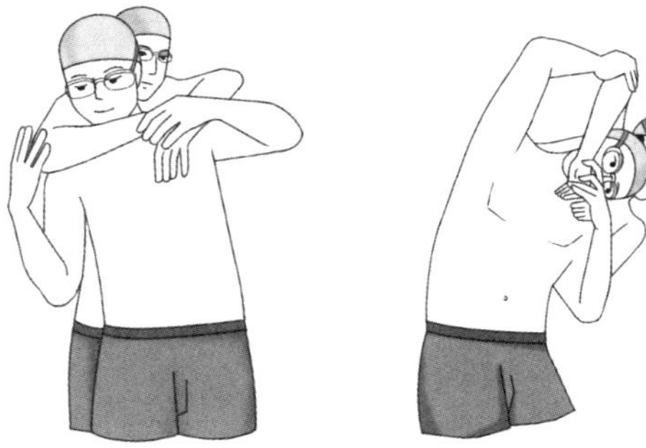

①　　②

图5-2-5　救生者被溺水者从后方抱住颈部的解脱方法

（四）救生者被溺水者从前面抱住腰部的解脱方法

溺水者都渴望被救，通常会紧紧抱住救生者的腰部，并用脸紧贴救生者的腹部，使得救生者解脱困难。此时，一手由下穿过溺水者腋下抓住其背部，另一手扶住其贴近自己的另一侧头部，两手稍用力转动溺水者的头部，就可使其松手并离开救生者，得以解脱。然后，救生者从其背后重新接近溺水者，实施拖运。如图5-2-6。

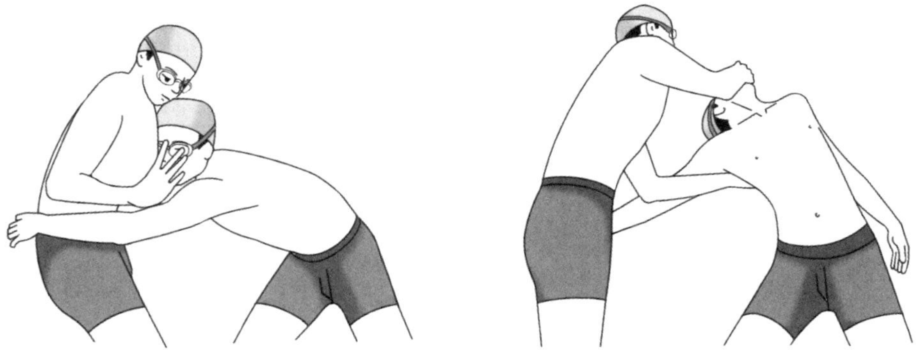

①　　②

图5-2-6　救生者被溺水者从前面抱住腰部的解脱方法

（五）救生者被溺水者从后面拦腰抱住的解脱方法

首先，双手找到溺水者的食指或无名指，抓住其手指用力向外分开，再将溺水者双手分别向上向下打开，然后松开向下的手，并立即退至其后，待溺水者冷静后再进行拖运。如图5-2-7。

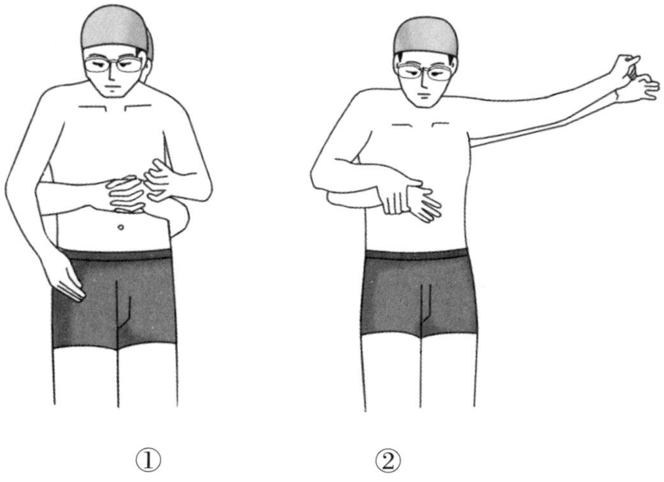

图5-2-7　救生者被溺水者从后面拦腰抱住的解脱方法

（六）救生者被溺水者抓住头发的解脱方法

如救生者头发被抓住，救生者一手紧握溺水者抓头发手的手腕，另一只手则向溺水者方向扳拉抓头发手的手指，同时，救生者的头部向自身后方倾斜，迫使溺水者抓头发的手松开。解脱后，及时将溺水者转至背贴救生者前胸，有效控制溺水者。如图5-2-8。

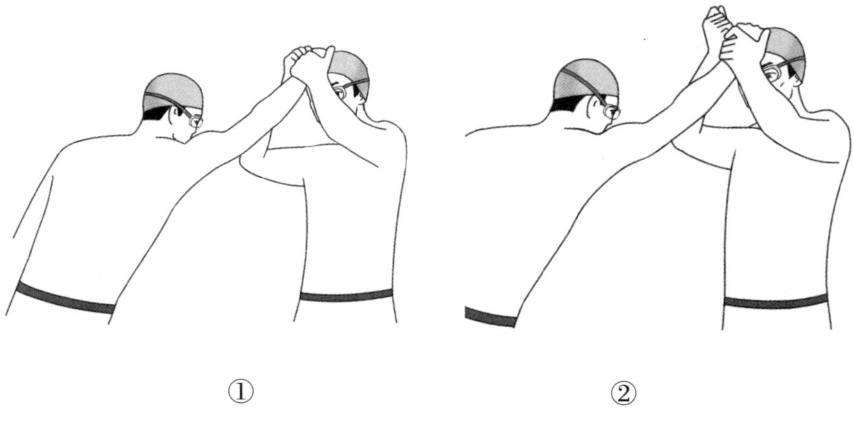

图5-2-8　救生者被溺水者抓住头发的解脱方法

五、拖运溺水者，帮助上岸

（一）拖运溺水者

当顺利接近溺水者或经解脱使溺水者背向自己后，救生者立即对溺水者进行拖运。

1.用反蛙泳技术进行拖运。

（1）两手扶住溺水者的下颌，用反蛙泳腿作为前进的动力。注意：用反蛙泳腿时，膝关节不可屈伸过大，身体尽量放平。如图5-2-9。

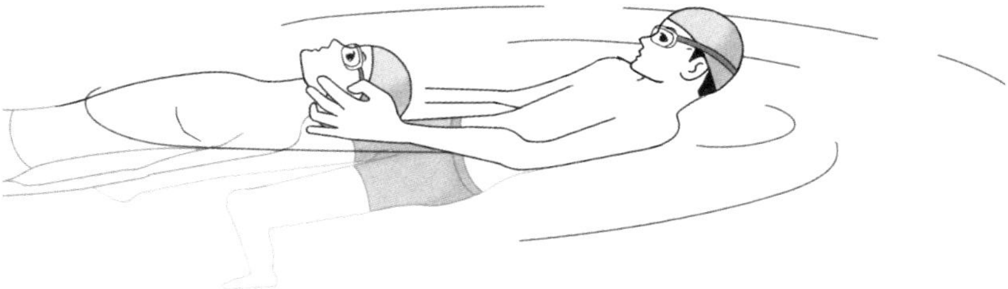

图5-2-9　用反蛙泳技术进行拖运方法一

(2)两手扶住溺水者的腋下，用反蛙泳腿作为前进的动力。注意：用反蛙泳腿时，膝关节不可屈伸过大，身体尽量放平；蹬腿时，收小腿，膝关节不要弯曲过大。如图5-2-10。

图5-2-10　用反蛙泳技术进行拖运方法二

2.用侧泳技术进行拖运。

(1)侧卧于水中，一手托住溺水者的枕骨部(后脑)，另一手划水，两腿做蹬剪腿动作，作为前进的动力。如图5-2-11。

图5-2-11　用侧泳技术进行拖运方法一

(2)侧卧于水中,一手从溺水者腋下伸至其胸部外侧,并用手扶住其躯体,另一手划水,两腿做蹬剪腿动作,作为前进的动力。如图5-2-12。

图5-2-12　用侧泳技术进行拖运方法二

(二)帮助溺水者上岸

此方法多运用于在游泳池或自然水域中上岸时。由于溺水者处于昏迷状态,为保护溺水者不再受到伤害,所以上岸技术也较为重要。

上岸的通常做法为:当救生者拖运溺水者游近岸边时,应使用腋下拖运。靠岸时,救生者左手应先抓住岸边,右手从溺水者的腋下穿插迅速抓住溺水者的右手,把溺水者的右手搭放在岸上,用右手按住,左手把溺水者的左手快速叠放在右手之上,这时抽出右手把溺水者两只手同时重叠按住,腾出左手按住岸边,两手同时用力上撑上岸。撑上岸后,右手抓住溺水者的右手腕,左手抓住溺水者的左手腕,将溺水者身体翻转180°,使其背向救生者,然后用力上提溺水者,使溺水者坐在岸边;救生者用右腿抵住溺水者腰背部,然后,用手托住溺水者的颈部及枕骨部,将溺水者缓缓放倒在地上。如图5-2-13。

①

②

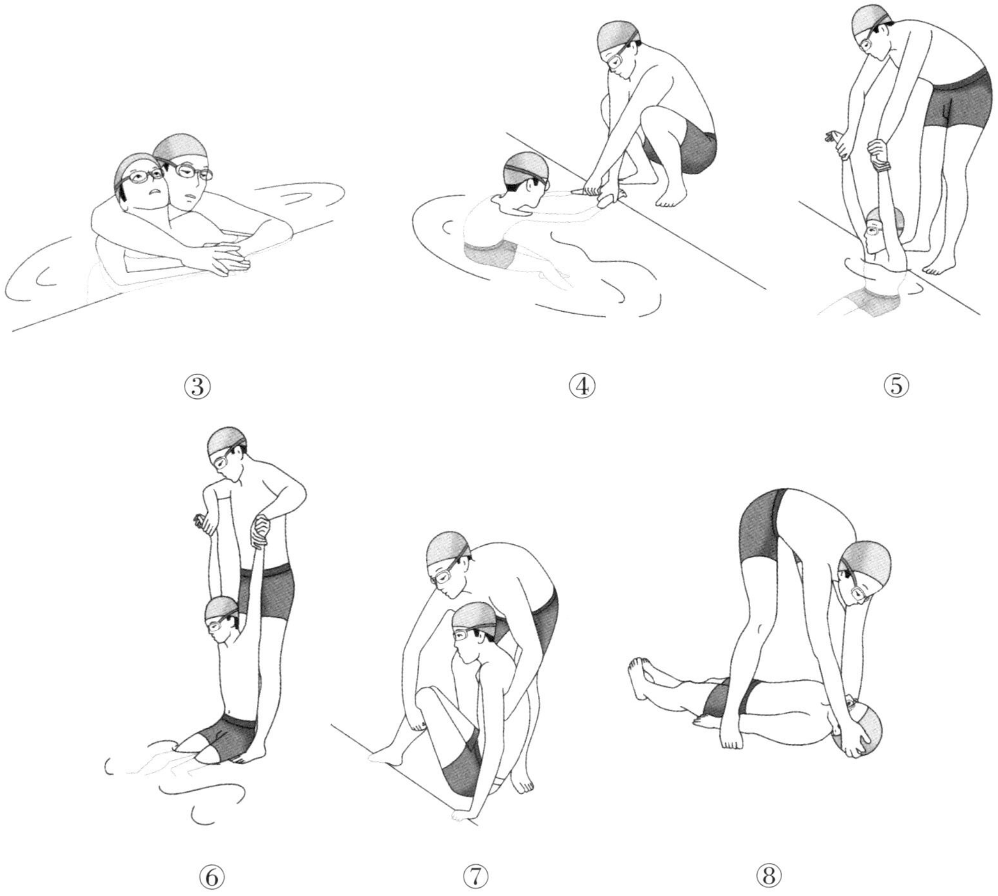

图5-2-13　帮助溺水者上岸

救生上岸必须注意保护溺水者的颈椎，避免溺水者第二次受伤。把溺水者救上岸后，可根据具体情况进行心肺复苏和人工呼吸，以救护溺水者。

六、心肺复苏

心肺复苏是针对心跳、呼吸停止所采取的抢救措施，即用心脏按压或其他方法形成暂时的人工循环并恢复心脏自主搏动和血液循环，用人工呼吸代替自主呼吸并恢复自主呼吸，达到恢复苏醒和挽救生命的目的。心肺复苏技术的三大要素是口对口呼吸、胸外按压、体外除颤。

(一)心肺复苏的过程

1.基础生命支持阶段。

溺水后4分钟内的初始处理阶段为基础生命支持阶段，包括畅通气道、人工呼吸、建立循环3个步骤，以维持有效的呼吸和循环，为尽快转送到医疗单位创造条件。初始处理阶段在心肺复苏中占重要地位，是心肺复苏成功的第一步。

2.高级生命支持阶段。

高级生命支持阶段为心搏骤停后5～10分钟内的第二个处理阶段，此阶段为复苏或高级生命支持阶段，一般在医疗单位中进行。包括建立静脉输液管道、药物治疗、电除颤、气管插管、机械呼吸等一系列维持和监测心肺功能的措施。

3.后续生命支持阶段。

后续生命支持阶段也称后期生命维持阶段，是继第二个阶段之后，以脑复苏为重点的心肺复苏工作。在继续维持心肺功能的基础上尽快实现脑复苏。

注意：现场心肺复苏是针对心跳、呼吸骤停的溺水者所采取的最初级、最基本的心肺复苏技术，是最基本的生命支持方法，是挽救生命的重要阶段，也是在现场没有任何设备的情况下，及时、有效地进行徒手抢救的基本措施，是便于学习且容易掌握的急救技术。现场心肺复苏技术主要为徒手操作，在许多场合下这是唯一实用的有效方法。

（二）心肺复苏的有效指标

心肺复苏操作是否正确，主要依靠平时严格的操练和掌握正确的方法。心肺复苏的有效标志是除可触摸到大动脉开始搏动外，同时也应出现脑复苏的征象。在急救中可以根据以下4个方面综合考虑，判断复苏是否有效。

1.瞳孔：复苏有效时，可见瞳孔由大变小。如瞳孔由小变大、固定、角膜浑浊，则说明复苏无效。

2.面色：复苏有效时，可见面色由绀紫转为红润，手足温度略有回升。如溺水者面色变为灰白，则说明复苏无效。

3.颈动脉搏动：按压有效时，每一次按压可以摸到一次搏动；如停止按压，搏动亦消失，应继续按压心脏。如停止按压后，脉搏仍然跳动，则说明溺水者心跳已恢复。按压时，如有条件可监测血压，一般在60/40 mmHg左右。

4.神态：复苏有效时，可见溺水者有眼球活动，睫毛反射与对光反射出现，甚至手脚开始抽动，肌张力增加。

（三）终止心肺复苏的条件

心肺复苏的目标是挽救溺水者的生命，缓解其痛苦，减少病残和使“临床死亡”的溺水者逆转。在现场抢救中应坚持连续进行心肺复苏,不能简单地做出停止复苏的决定。

心肺复苏的终止条件有以下几种:

1.自主呼吸及心跳已恢复良好;

2.有其他人接替抢救,或有医师到场承担复苏工作;

3.有医师到场,确定溺水者死亡。

将溺水者用救护车运送去医院途中,也必须坚持持续不断做心肺复苏,并保证心肺复苏的质量。

(四)心肺复苏的操作步骤及方法

心肺复苏是挽救溺水者生命的最初阶段,如果不及时或方法错误,将导致整个复苏措施的失败。因此,救生者在游泳池发现溺水者时,应该首先判断其溺水的严重程度,并采取合理的评估和处置措施。所以心肺复苏必须严格按照以下步骤实施:判断意识→打开气道→人工呼吸→人工循环→紧急止血→保护脊柱。

1.首先判断心搏、呼吸是否骤停和呼吸道是否畅通。

(1)判断溺水者有无意识。

救生者将溺水者施救上岸后,可摇动其肩部并大声呼唤,以试其反应。摇动肩部不可用力过猛,以防加重骨折患者的病症。如图5-2-14。

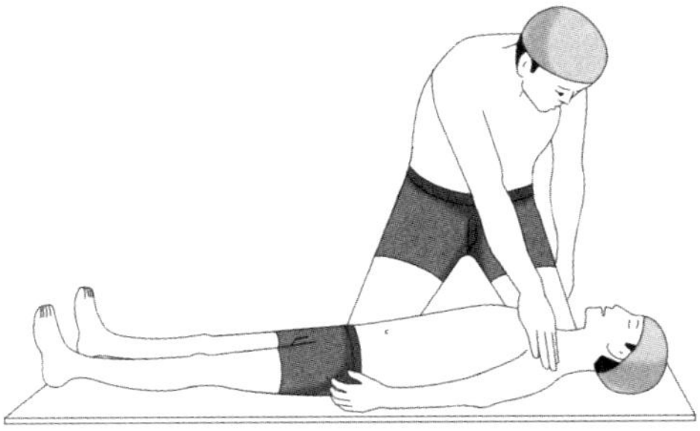

图5-2-14 判断溺水者意识

(2)使溺水者保持急救体位。

将溺水者呈仰卧位放置,并使其头部、颈部与躯干成一条直线,且头部不能高于心脏的位置,双手置于躯干两侧。如图5-2-15。

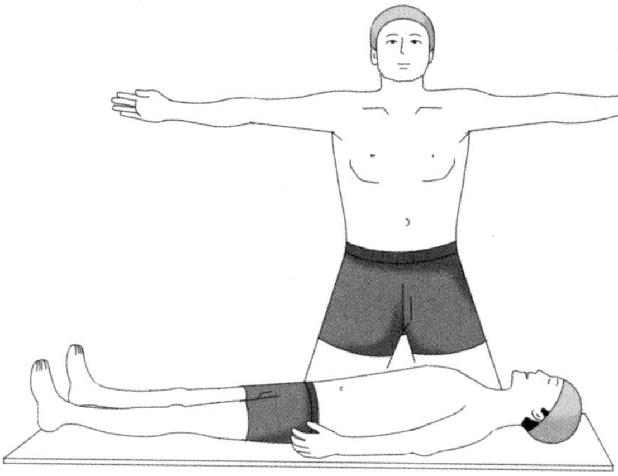

图5-2-15 使溺水者保持急救体位

(3)打开溺水者的气道。

呼吸道又称气道。溺水者处于无意识状态时,舌肌和会厌后坠以及呼吸道中的异物可能会阻塞气道,所以气道开放尤为重要,是心肺复苏的首要环节。呕吐是心肺复苏过程中一个比较特殊的问题。在打开气道之前,首先应清理呼吸道中的异物,包括口腔内的分泌物、血液或者呕吐物等,最好使用吸引器将其吸除,如现场无此设备,则采用手指清除法。

采用手指清除法时可将溺水者头部后仰并转向一侧,利用毛巾、指套或纱布保护好食指、中指,再抠出口腔内的阻塞物。如图5-2-16。

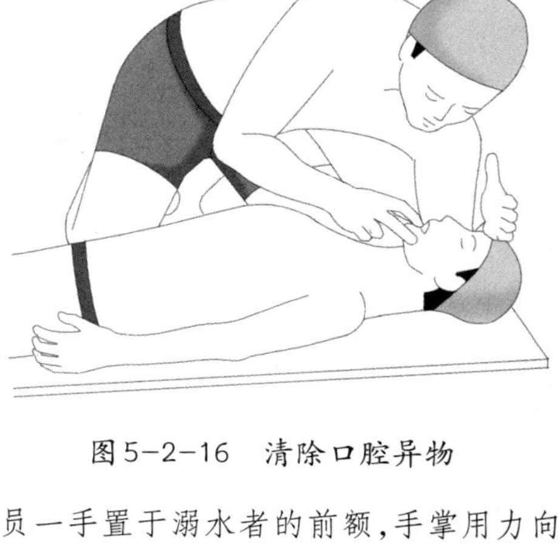

图5-2-16 清除口腔异物

①仰头抬颌法。救生员一手置于溺水者的前额,手掌用力向后压,使溺水者的头部后仰,其呼吸道即可有不同程度的伸展,梗阻也会得到减轻。然后,用另一只手的食指和中

指向前上抬起溺水者的下颌。这样可以使其已经后坠而抵达咽后壁的舌根与会厌软骨远离咽后壁,从而解除上呼吸道梗阻。如果怀疑溺水者有颈部创伤,则禁止使用这种方法。切忌用手指压迫颌骨下的软组织并使头部过度后仰。如图5-2-17。

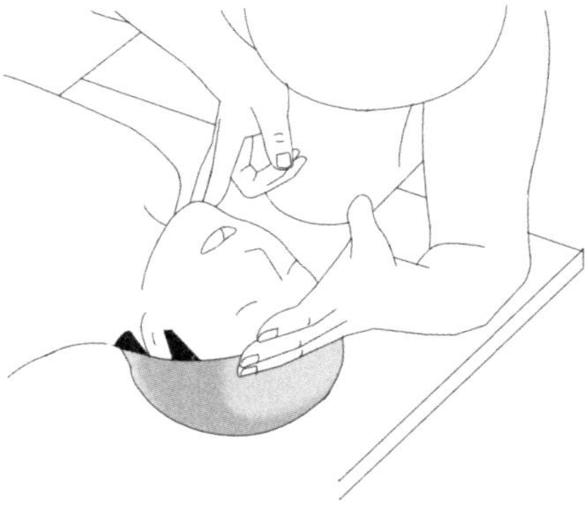

图5-2-17　仰头抬颌法

②推举下颌法。救生者以双肘支撑,双手置于溺水者头部的两侧,拇指置于溺水者的口角或下唇部,其余手指紧握其下颌角处。然后,双手抬举,使溺水者下颌向前上移位。在已经明确或者怀疑溺水者有颈部创伤的情况下,此方法是最安全、最简单的。如图5-2-18。

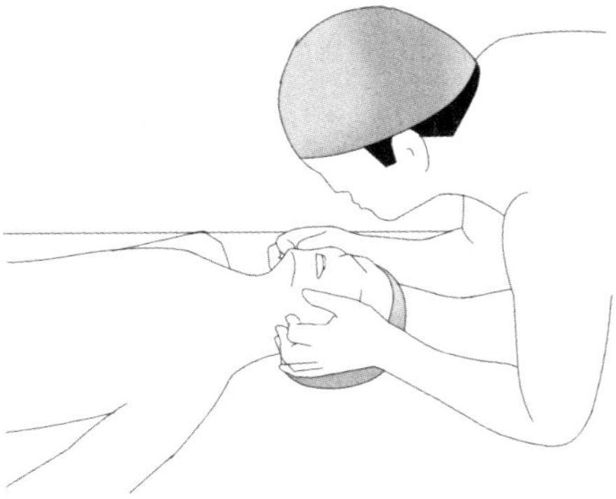

图5-2-18　推举下颌法

(4)判断溺水者是否有呼吸。

如果溺水者无反应,打开气道后救生者应判断溺水者是否无呼吸或通气不足。在开放气道的情况下,通过看、听、感觉、观察来判断溺水者有无呼吸活动。保持气道开放,用耳贴近溺水者的口鼻,头部侧向溺水者的胸部,用眼睛观察溺水者的胸部有无起伏,用面部感觉溺水者的呼吸道有无气体排出，用耳听溺水者的呼吸道有无气流通过的声音。如图5-2-19。

注意事项：

①保持气道开放；

②检查时间为5~10 秒；

③有呼吸且无脊椎损伤时，注意保持气道畅通；

④无呼吸或呼吸异常时，应当立即实施人工通气，即吹气2次；

⑤有部分溺水者因呼吸道不通畅而发生窒息，导致呼吸、心跳停止，往往可在畅通呼吸道后，恢复呼吸和心搏。

A　　B

图5-2-19　判断溺水者是否有呼吸

2.实施人工呼吸。

在确定溺水者无呼吸后，应立即进行呼吸支持。目前常用的通气方法主要包括口对器械(如隔离膜、面罩)、球囊—面罩、口对口、口对鼻、气管插管以及其他替代性的、非侵袭性的先进开放气道技术(包括喉罩通气、食管气管联合导管、咽气官腔通气管以及充气口咽通气管)等。

对于基础生命支持阶段的心肺复苏，人工呼吸的方法分别有下列几种，救生者可以根据自身与溺水者的具体情况，即现场的具体条件，选择使用。

(1)口对面罩人工呼吸。

使用时将面罩置于溺水者面部，施救者用双手拇指与食指围绕面罩边缘向面部方向施压以形成完整的密闭，其余手指下压前额并推举下颌角使其头部后仰(疑有颈椎损伤的溺水者禁止仰头伸颈)以开放气道，施救者吸气后，口含面罩嘴向溺水者吹气。如图5-2-20。

使用面罩时，应选择适合于溺水者面部大小的型号；面罩封严面部，同时罩住口鼻；密切观察胃的反流物。

图5-2-20　口对面罩人工呼吸

(2)使用球囊面罩人工呼吸。

球囊面罩的使用方法与口对面罩人工呼吸相似，只是用手捏充气气囊代替以口向溺水者吹气，这是一种成熟的人工正压通气方式。这种装置由一个手动充气气囊及一个不可逆流的单向阀门连接在通气口罩上组成，有的还附加氧气输入接头以提高吸入气体的氧气浓度。使用球囊面罩通气是一项复杂的人工呼吸技术，要求救生者有一定的实践经验。若不经常使用或者演练，很难掌握这一技术。如图5-2-21。

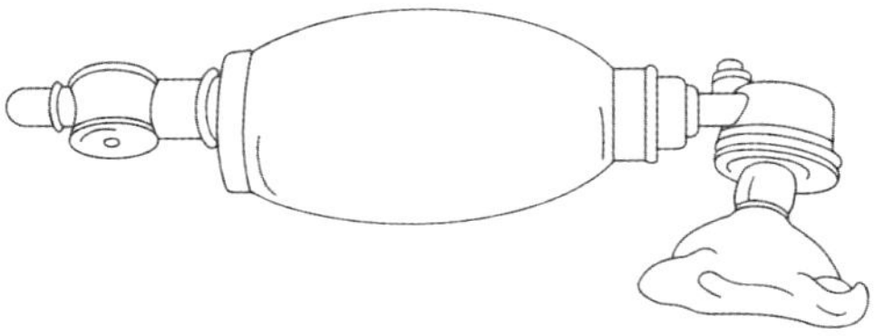

图示:球囊面罩

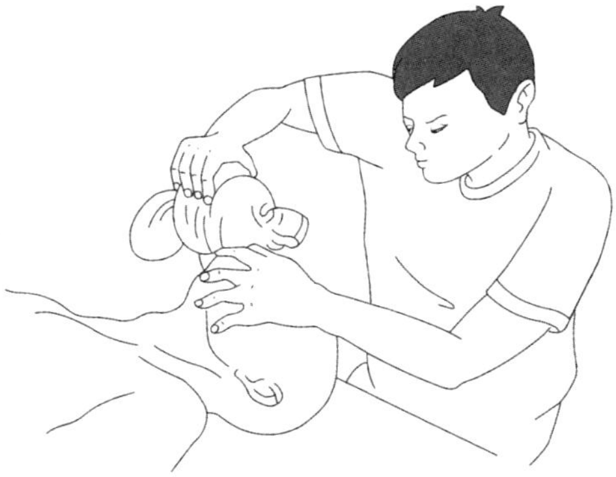

图5-2-21　球囊面罩人工呼吸

(3)口对口人工呼吸。

吹气量与吹气频率、吹气速度是决定心肺复苏效果的主要因素。首先应保持溺水者的呼吸道通畅开放,用拇指与食指捏住溺水者的鼻翼而封闭其鼻腔,以免吹入气体从此处溢出。然后救生者吸一口气,用自己的口唇包住并紧贴溺水者的口唇,将吸入气体缓慢、均匀地吹入溺水者的口内,使之直达其肺部。如图5-2-22。

注意事项:

①做口对口呼吸前,应先尽量清除呼吸道内的异物;

②做口对口呼吸前,可先垫上一层医用纱布或薄的织物;

③每次吹气的量不要过大,范围在700~1000 mL为宜;

④每按压胸部30次后,吹气两次,即以30:2的比例进行;

⑤有脉搏无呼吸者,每6~8 秒吹气一次(8~10次/分);

下列3种情况不宜直接口对口人工呼吸:有传染病、服毒药者、口部严重受损者。可用单向呼吸阀或专用面罩做人工呼吸。

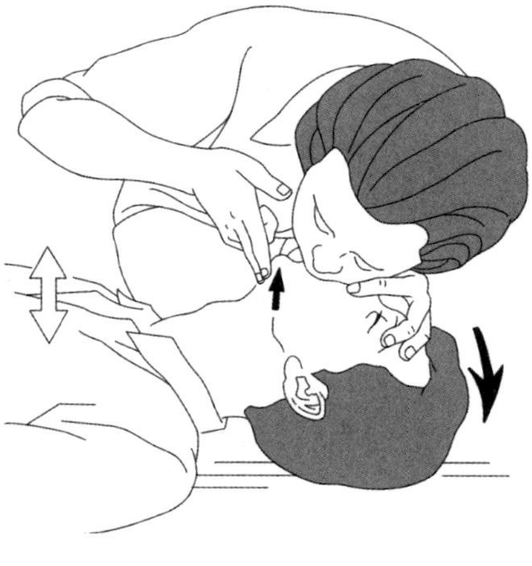

图5-2-22　口对口人工呼吸

(4)口对鼻人工呼吸。

口对鼻人工呼吸主要适用于不能经溺水者的口部进行通气的情况,如溺水者的口不能张开(牙关紧闭),口部严重受损或救生者的口部不能完全紧密地包住溺水者的口唇等。操作时,一手按于溺水者的前额,使其头部后仰,另一手抬起溺水者的下颌,并使口部闭住。救生者吸气后,用嘴封罩住溺水者的鼻部,吹气后离开,让呼气自动排出。如图5-2-23。

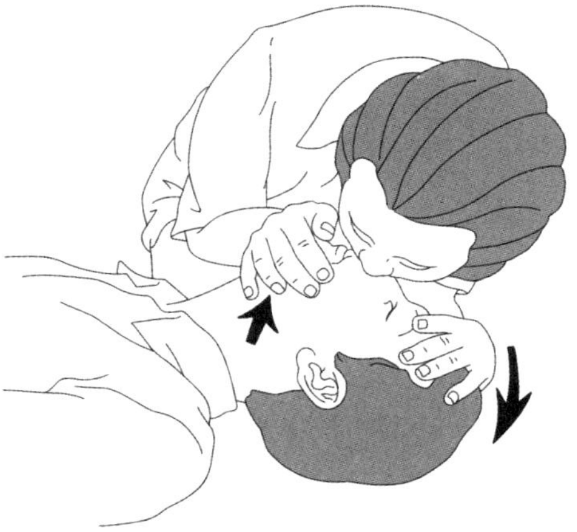

图5-2-23 口对鼻人工呼吸

3.实施人工循环。

(1)检查溺水者有无脉搏。

溺水者的心搏停止后,脉搏亦即消失。判断溺水者是否有脉搏,最佳途径就是触摸溺水者的颈动脉。颈动脉位置靠近心脏,容易反映心搏的情况。操作时,救生者将一只手置于溺水者的前额使其头部后仰,另一只手的食指、中指在甲状软骨下摸到气管后,手指向外滑动,在气管与颈部肌肉之间的凹沟内即可以触及颈动脉。如图5-2-24。

注意事项:

①触摸颈动脉不能用力过大,以免颈动脉受压,影响头部供血;

②检查时应快速、准确,一般不要超过10 s;

③未能触及搏动表明心搏已停止,注意避免触摸感觉错误(可能将自己手指的搏动感觉误认为溺水者的脉搏);

④应根据情况综合判断,如无意识,皮肤呈绀紫,双侧瞳孔散大,再加上触不到脉搏,即可判定心搏已经停止;

⑤如果不能肯定是否有循环,则应立即开始胸外按压。

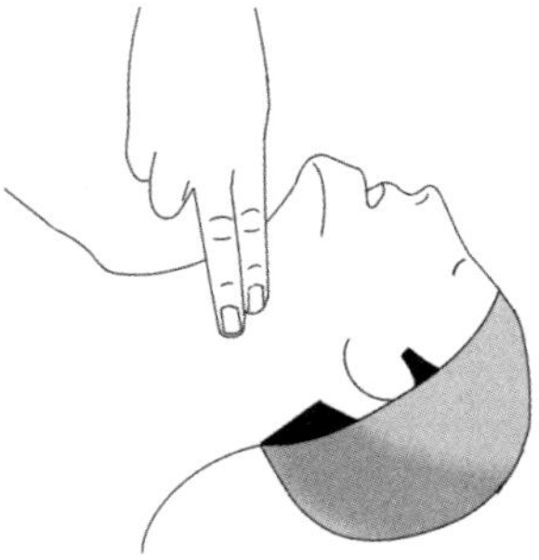

图5-2-24　检查溺水者有无脉搏

(2)胸外心脏按压。

①寻找按压区域。先将一手的中指沿溺水者的胸廓下部肋缘向上滑动，摸到肋弓和剑突交点处(即胸骨下切迹)，食指与中指并拢；另一手掌根部沿肋骨下滑一直碰到食指，该手掌中心部位应该是在胸骨下$\frac{1}{2}$段的中点。食指、中指沿溺水者肌弓处向中间滑移，在两侧肌弓交点处寻找胸骨下切迹。然后将食指及中指横放在胸骨下切迹上方，食指上方的胸骨正中部即为按压区，另一手掌根部紧贴食指上方。再将定位手移走，以该手手掌根重叠放在另一手手背上，手指脱离胸壁，可采用两手手指交叉抬起法。如图5-2-25。

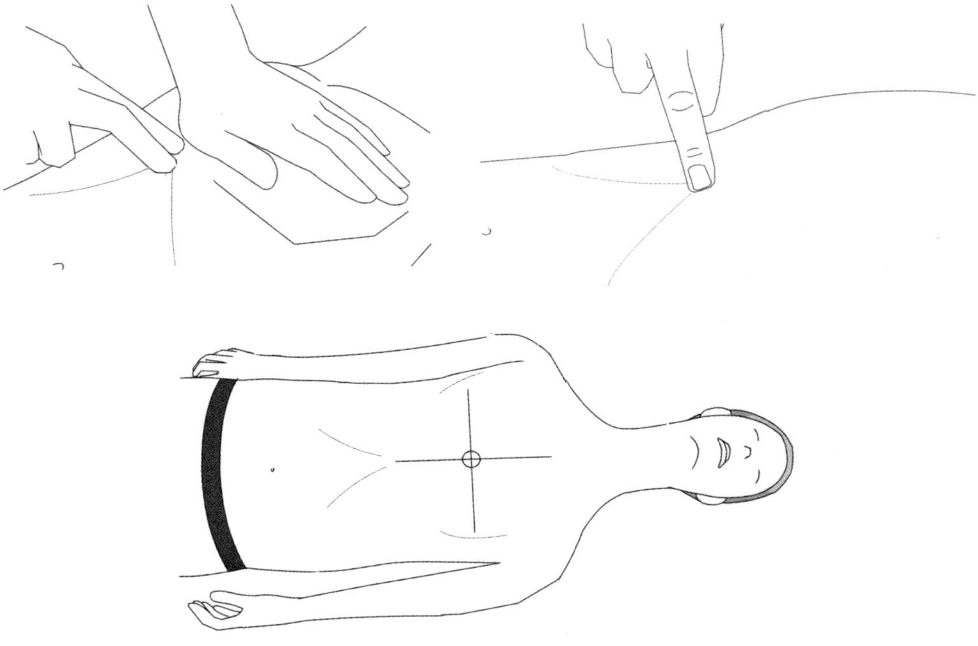

图5-2-25　寻找按压区域

②按压方式。救生者的双臂应绷直，双肩在溺水者的胸骨上方正中，垂直向下用力按压，以髋关节为支点，以肩、臂部力量向下按压。如图5-2-26。

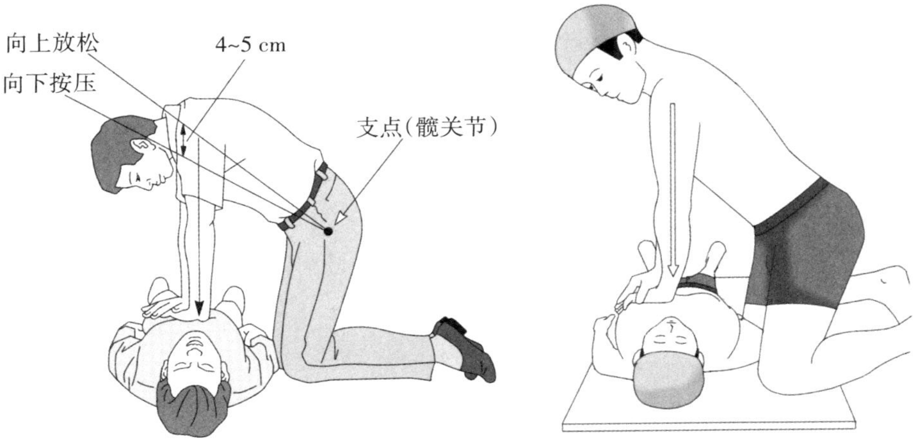

图5-2-26 按压方式

③按压的用力方式。

A.按压应平稳、有节奏地进行，不间断。

B.不能冲击式地猛压，下压及向上放松的时间应相等。

C.向下垂直用力，不能左右摆动。

D.放松时定位的手掌根部不能离开胸骨定位点，但应尽量放松，勿使胸骨不受任何压力。

E.按压频率：100次/分。

F.按压深度：成人溺水者4~5厘米深度按压时，应随时注意有无肋骨或胸骨骨折。5组或每2分轮换一次。

胸外心脏按压是否有效，其决定因素有：按压部位、按压频率、按压力度以及按压与放松时间的比例。

注意事项：

a.按压时手指不要压在胸壁上，否则容易引起肋骨或其与肋软骨交界处骨折；

b.按压定位要准确，向下错位易使剑突受压折断而致肝破裂，向两侧错位易致肋骨或其与肋软骨交界处骨折，导致气胸、血胸；

c.按压时肘部弯曲会导致用力不垂直，减弱按压力量，使按压深度达不到4~5厘米；

d.冲击式按压、猛压效果差且易导致骨折；

e.放松抬手时不要离开胸骨定位点，否则易造成下次按压部位错误，引起骨折；

f.放松时未能使胸部充分松弛会使胸部仍承受压力，使血液难以回到心脏；

g.按压速度不自主地加快或减慢会影响按压效果；

h.两手掌应交叉放置；

i.溺水者应仰卧于硬性物质上，以保证按压胸骨时身体不会移动。

(3)检查有无出血和紧急止血。

出血是游泳者经常碰到的一个现象。由于身体长时间浸泡在水中，表层皮肤容易开裂而造成划伤出血。所以，应及时检查溺水者的身体有无出血。按照出血的种类，可以分成动脉出血、静脉出血、毛细血管出血。见表5-2-1。

表5-2-1　出血部位和临床表现

出血部位	临床表现
动脉出血	血液颜色鲜红，出血呈喷射状，血液自近心端随脉动而冲出，失血量因血管大小而不同
静脉出血	血液颜色暗红，自伤口远心端涌出或缓慢流出，若破裂血管较大，也可能危及生命
毛细血管出血	因出血血管距离动静脉远近的不同，血液颜色可自鲜红过渡至暗红色，呈点状或片状渗出，出血量较少，多可自愈

①止血方法。

可采取加压包扎、指压、强屈关节、止血带结扎、外用药物等止血方法。

②固定。

所有的四肢骨折均应做临时固定，为了限制受伤部位的活动度，从而减轻疼痛，避免骨折断端因摩擦而损伤血管、神经乃至重要脏器。

③保护脊柱。

因意外事故造成严重外伤(如跳水时头碰池底、意外滑落、颈部碰壁等)，在现场救治过程中，要特别注意保护脊柱，并在医护人员监护下进行搬动和转运。避免脊髓受伤或脊柱受伤进一步加重，造成瘫痪甚至死亡。

（五）除颤

早期除颤对于恢复心跳至关重要，3～5分钟内快速除颤是先决条件。因为引起心搏骤停的原因是心室纤颤，而治疗室颤的唯一有效方法是除颤。成功除颤的机会转瞬即逝，未进行除颤转复室颤的心脏数分钟内就可能转为心脏停搏。虽然徒手心肺复苏可以暂时维持脑和心脏的血液循环功能，但其并不能将室颤转为正常心律。因此，要判断是否进行除颤又是其中的关键。除颤原则要救生者应该携带除颤器，凡有义务实施徒手心肺复苏的救生者都应该接受正规培训，并授权急救人员可以进行电除颤。

徒手除颤可采用胸前锤击的方法，即单手握拳，拳眼向上，用小鱼际侧方在患者胸部正中胸骨中下$\frac{1}{3}$交界处用力捶击胸壁，捶击高度为20～30厘米。

（六）心肺复苏小结

1.快速识别：通过快速识别、最初评估和积极抢救，防止呼吸或血液循环停止，避免心肺脑功能不全。

2.维持气道通畅。

3.呼吸支撑及胸部按压。

对呼吸停止的溺水者应迅速进行呼吸支持，对心脏停搏者应使用心脏按压方法形成暂时的人工循环直至恢复心脏自主搏动。为方便记忆，采用英文单词的第一个字母组成ABC或ABCD复苏程序，其中A指开放气道，B指呼吸支持，C指心脏按压，D指电击除颤。

《2005国际心肺复苏及心血管急救指南》建议的成人基本生命支持流程见表5-2-2。

表5-2-2　成人基本生命支持流程

程序	语言和动作	说明
确认四周环境安全 检查有无意识	大声呼救 轻拍两肩膀	意识分为4级：意识清醒，对叫有反应，对痛有反应，意识昏迷
求救 摆正溺水者的姿势	请人帮助拨打急救电话“120”或自己打	若没有旁人，先心肺复苏1分钟后，再打求救电话
打开呼吸道	仰头举颌法（非创伤溺水者） 推举下颌法（颈椎受伤溺水者）	一手掌根按压前额，另一手食、中两指上抬颌骨，注意不要压到喉部

续表

程序	语言和动作	说明
评估呼吸	耳朵靠近溺水者的口鼻:看胸部起伏,听吐气声,感觉气是否吹到脸上	检查时间不能超过10秒 保持呼吸道打开姿势
人工呼吸	若无呼吸,检查呼吸道是否有异物,以拇指、食指捏住鼻子,口对口(鼻)或口对面罩,先吹两口气 若胸部无法起伏,则重新打开呼吸道再尝试吹气	从发现溺水者到实施人工呼吸不能超过20秒 每口气吹气时间约1秒,吹气量以明显看到胸部起伏为原则
检查循环现象	摸颈动脉并观察有无循环现象,有无自发性呼吸、咳嗽,身体会不会动	检查时间不可超过10秒(除低体温者外)
胸部按压	手掌根置于胸骨下$\frac{1}{3}$段 两手肘关节绷直 两膝靠近溺水者跪地,打开与肩同宽 以身体重量垂直下压,压力平稳 放松时手掌不可离开胸骨	按压胸骨下半段,放松与按压比例为1:1,下压速度为100次/分、深度为4~5厘米
胸部按压与通气比率	单人或双人皆为30:2	
再评估时间	5个周期后或2人以上每2分轮换	2分钟后第5周期吹气
甲:再评估无循环现象	继续徒手做心肺复苏	从胸部按压开始
乙:再评估有循环现象	检查呼吸: 没有呼吸→人工呼吸 有呼吸→无意识 有呼吸→有意识	5秒一次,10~12次/分 检查身体,继续复苏 检查身体

课外思考

1.游进中下沉的自救方法是什么?

2.救助他人时的危险解脱方法有哪几种?

3.心肺复苏技术的三大要素是什么?

4.心肺复苏时,如何判断溺水者是否有呼吸?

5.胸外按压时,按压频率和按压深度分别是多少?

参考文献

[1]常志斌，付健，朱荣晶，等．游泳运动员水感问题的综述研究[J]. 运动，2011(4)：28-29.

[2]蒿萍，杨蕊竹．大学生初学游泳的恐惧心理与克服方法研究[J]. 哈尔滨体育学院学报，2018，36(4)：81-85.

[3]鞠鑫涛．对少儿如何快速掌握游泳的初探[J]. 辽宁体育科技，2001，23(6)：15-16.

[4]李啸村，金昌龙．探讨游泳初学者的有效教学方法[J]. 内江科技，2009(4)：148.

[5]刘新建．游泳教学中的三种方法[J]. 山西体育科技，2007，27(2)：71.

[6]梅雪雄．游泳(第三版)[M]. 北京：高等教育出版社，2007.

[7]沈浩然．游泳救生员[M]. 北京：高等教育出版社，2010.

[8]沈潜．游泳高手(技法图解)[M]. 长沙：湖南文艺出版社，1999.

[9]沈文益．游泳[M]. 北京：人民体育出版社，1993.

[10]唐艳．游泳是儿童锻炼身体的最佳选择[J]. 游泳，2002(2)：29-30.

[11]王成．水感培养在高校游泳教学中的作用及其方法探讨[J]. 南京体育学院学报，2017，16(6)：23-26.

[12]王亚莉．少儿游泳分层教学法的实验研究[J]. 游泳季刊，2009(2)：19.

[13]王正树，高峰杉．游泳之路[M]. 大连：大连理工大学出版社，2014.

[14]温宇红．游泳教学和训练双语教材[M]. 北京：北京体育大学出版社，2009.

[15]吴河海，吕鹏．爬泳技术与练习[M]. 北京：人民体育出版社，2001.

[16]闫朝广．浅谈少儿游泳教学和训练中注意的几个问题[J]. 科教文汇，2008(6)：130.

[17]禹文，沈建伟．游泳[M]. 重庆：西南师范大学出版社，2013.

[18]张瑞林．游泳[M]. 北京：高等教育出版社，2010.

[19]周彩虹，付景春．儿童游泳教学中消除恐惧心理提高教学效果的研究[J]. 哈尔滨体育学院学报，1997，15(2)：42-43.

[20]朱笛，温宇红．游泳运动教程[M]. 北京：高等教育出版社，2015.

[21]《游泳运动教程》编写组．游泳运动教程[M]. 北京：北京体育大学出版社，2014.

附录:游泳运动员技术等级标准

成绩标准

一、男子游泳运动员技术等级标准(2018年4月)(节选)

	国际级运动健将		运动健将		一级运动员		二级运动员		三级运动员	
	50米池	25米池	50米池	25米池	50米池	25米池	50米池	25米池	50米池	25米池
50米自由泳	21.95	20.95	23.28	22.28	24.50	23.50	27.50	26.50	34.50	33.50
100米自由泳	48.39	46.89	51.50	50.00	55.50	54.00	01:05.0	01:03.5	01:22.0	01:20.5
200米自由泳	01:46.9	01:43.4	01:51.5	01:48.1	02:03.0	01:59.5	02:23.0	02:19.5	02:56.0	02:52.5
400米自由泳	03:47.8	03:40.8	03:58.6	03:51.6	04:21.0	04:14.0	05:06.0	04:59.0	06:16.0	06:11.5
800米自由泳	08:00.1	07:46.1	08:24.0	08:10.0	09:02.0	08:48.0	10:32.0	10:18.0	13:12.0	12:58.0
1500米自由泳	15:12.1	14:47.1	16:00.3	15:35.3	17:20.0	16:54.0	20:15.0	19:50.0	24:45.0	24:20.0
50米仰泳	25.24	24.24	27.43	26.43	30.50	29.50	35.50	34.50	43.00	42.00
100米仰泳	53.92	52.92	58.45	57.45	01:04.0	01:03.0	01:14.0	01:13.0	01:30.0	01:29.0
200米仰泳	01:57.9	01:55.9	02:06.5	02:04.5	08:18.0	02:16.0	02:41.0	02:39.0	03:16.0	03:13.0
50米蛙泳	27.47	26.47	28.75	27.75	32.50	31.50	37.00	36.00	44.00	43.00
100米蛙泳	01:00.2	58.23	01:03.8	01:01.8	01:11.0	01:09.0	01:20.0	01:18.0	01:34.0	01:32.0
200米蛙泳	02:11.7	2:07.8	02:21.9	02:17.9	02:35.0	02:31.0	02:54.0	02:50.0	03:23.0	03:19.0
50米蝶泳	23.51	22.51	24.89	23.89	27.00	26.00	32.50	31.50	41.50	40.50
100米蝶泳	51.92	50.42	55.45	53.95	01:00.0	58.50	01:11.0	01:09.5	01:29.0	01:27.5
200米蝶泳	01:56.6	01:53.6	02:02.7	01:59.7	02:14.0	02:11.0	02:38.0	02:35.0	03:18.0	03:15.0
200米混合泳	01:59.8	01:56.8	02:08.2	02:05.2	02:19.0	02:16.0	02:40.0	02:37.0	03:15.0	03:12.0
400米混合泳	04:18.1	04:12.0	04:31.2	04:25.2	04:58.3	04:52.0	05:31.0	05:25.0	06:56.0	06:60.5

二、女子游泳运动员技术等级标准(2018年4月)(节选)

	国际级运动健将		运动健将		一级运动员		二级运动员		三级运动员	
	50米池	25米池	50米池	25米池	50米池	25米池	50米池	25米池	50米池	25米池
50米自由泳	24.90	23.90	25.85	24.85	27.20	26.20	31.50	30.50	38.50	37.50
100米自由泳	54.35	52.85	56.30	54.80	01:02.5	01:01.0	01:13.0	01:11.0	01:34.0	01:33.0
200米自由泳	01:57.8	01:54.3	02:01.2	01:57.7	02:15.0	02:11.5	02:39.0	02:35.5	03:23.0	03:19.5
400米自由泳	04:09.2	04:02.2	04:15.8	04:08.8	04:44.0	04:37.0	05:46.0	05:39.0	07:06.0	06:59.0
800米自由泳	08:33.9	08:20:0	08:53.4	08:39.4	09:42.0	09:28.0	12:02.0	11:48.0	15:02.0	14:48.0
1500米自由泳	16:37.4	16:12.5	17:14.0	16:49.0	18:35.0	18:10.0	23:45.0	23:20.0	27:45.0	27:20.0
50米仰泳	28.61	27.61	30.55	29.55	33.00	32.00	38.50	37.50	46.50	45.50
100米仰泳	01:00.7	59.69	01:04.3	01:03.3	01:09.0	01:08.0	01:21.0	01:20.0	01:41.0	01:40.0
200米仰泳	02:10.1	02:08.1	02:18.3	02:16.3	02:29.5	02:27.0	02:53.0	02:51.0	03:38.5	03:36.5
50米蛙泳	31.23	30.23	31.70	30.70	36.00	35.00	41.00	40.00	48.00	47.00
100米蛙泳	01:07.4	01:05.4	01:10.7	01:08.7	01:18.0	01:16.0	01:29.0	01:27.0	01:44.0	01:42.0
200米蛙泳	02:25.2	02:21.2	02:36.6	02:32.6	02:51.0	02:47.0	03:13.0	03:09.0	03:48.0	03:44.0
50米蝶泳	26.47	25.47	27.50	26.50	30.50	29.50	36.50	35.50	45.50	44.50
100米蝶泳	58.11	56.61	01:00.5	59:00	01:08.0	01:06.5	01:20.0	01:18.5	01:39.0	01:37.5
200米蝶泳	02:08.8	02:05.8	02:14.2	02:11.2	02:25.0	02:22.0	02:54.5	02:51.5	03:38.0	03:35.0
200米混合泳	02:12.8	02:09.8	02:18.4	02:15.4	02:30.0	02:27.0	02:58.0	02:55.0	03:48.0	03:45.0
400米混合泳	04:41.6	04:35.6	04:56.8	04:50.8	05:18.0	05:12.0	06:21.0	06:15.0	08:06.0	08:00.0

注:国际级运动健将,必须是在全国运动会、全国城市运动会(含短池)及以上级别正式比赛中达到成绩标准者;运动健将,除以上比赛外,还包括在国家体育总局游泳运动管理中心举办的全国性比赛中达到成绩标准者;一级运动员,省区市及以上级别正式比赛中达到成绩标准者;二级和三级运动员,地市级及以上级别正式比赛中达到成绩标准者。